RENÉ GIRARD

Realizações Editora

Impresso no Brasil,
março de 2012

Título original: *Œdipe Mimétique*.
Copyright © 2010 by Editions de L'Herne.
Publicado por meio de acordo com a Agence Littéraire Pierre Astier & Associés.
Todos os direitos reservados.

Design Gráfico
Alexandre Wollner
Alexandra Viude
Janeiro/Fevereiro 2011

Diagramação e finalização
Mauricio Nisi Gonçalves
André Cavalcante Gimenez/Estúdio É

Pré-impressão e impressão
Prol Editora Gráfica

Os direitos desta edição pertencem a
É Realizações Editora, Livraria e Distrib. Ltda.
Caixa Postal: 45321
cep: 04010 970
São Paulo, SP, Brasil
Telefax: (5511) 5572 5363
e@erealizacoes.com.br
www.erealizacoes.com.br

Proibida toda e qualquer reprodução desta edição por qualquer meio ou forma, seja ela eletrônica ou mecânica, fotocópia, gravação ou qualquer outro meio de reprodução, sem permissão expressa do editor.

Editor
Edson Manoel de Oliveira Filho

Coordenador da Biblioteca René Girard
João Cezar de Castro Rocha

Gerente editorial
Gabriela Trevisan

Revisão
Dida Bessana
Cristiane Maruyama
Liliana Cruz

RENÉ GIRARD
Édipo mimético

Mark R. Anspach

tradução Ana Lúcia Costa

Realizações Editora

Esta edição teve o apoio da Fundação Imitatio.

IMITATIO
INTEGRATING THE HUMAN SCIENCES

Imitatio foi concebida como uma força para levar adiante os resultados das interpretações mais pertinentes de René Girard sobre o comportamento humano e a cultura.

Eis nossos objetivos:

Promover a investigação e a fecundidade da Teoria Mimética nas ciências sociais e nas áreas críticas do comportamento humano.

Dar apoio técnico à educação e ao desenvolvimento das gerações futuras de estudiosos da Teoria Mimética.

Promover a divulgação, a tradução e a publicação de trabalhos fundamentais que dialoguem com a Teoria Mimética.

O autor agradece à
Fundação Imitatio
pelo apoio às suas
pesquisas.

sumário

11
apresentação
René Girard

19
diálogo com
René Girard

29
Édipo mimético

117
referências
bibliográficas

121
breve explicação

123
cronologia de
René Girard

127
bibliografia de
René Girard

130
bibliografia
selecionada sobre
René Girard

139
índice analítico

142
índice onomástico

apresentação
René Girard

É com grande prazer que escrevo o prefácio desta obra sobre Édipo. Fui seduzido imediatamente pelas análises penetrantes de Mark R. Anspach. Esperava dele algo de excepcional e a minha expectativa foi correspondida.

O Édipo que ele nos dá aqui não é aquele do famoso complexo, mas, pelo contrário, aquele que o complexo oculta. É um Édipo dos nossos tempos, um Édipo preso, como nós, nas simetrias ofuscantes do desejo mimético.

Ao contrário das nossas necessidades – para as quais os outros são indiferentes e as quais se manifestam apenas para nós, na medida em que o nosso corpo lhes é suficiente – os nossos desejos têm uma dimensão social irredutível. Subjacente aos desejos, há sempre um *modelo* ou *mediador* não reconhecido por terceiros e até mesmo não reconhecido por aquele que o imita. De forma geral, desejamos o que desejam as pessoas à nossa volta. Nossos modelos podem ser reais ou imaginários, coletivos ou individuais. Imitamos os desejos daqueles que admiramos. Queremos "ser como eles", roubar-lhes o seu ser.

O desejo não é mimético apenas entre os medíocres, aqueles que os existencialistas, segundo Heidegger, qualificam como inautênticos, mas para todos os homens sem exceção: incluindo o mais autêntico a nossos próprios olhos, ou seja, nós mesmos.

Quanto mais o mundo moderno se torna espiritualmente, ou pelo menos materialmente, igualitário, mais os modelos miméticos se aproximam de seus imitadores e os imitadores de seus modelos. Como consequência, estamos livres para desejar o mesmo objeto que nosso modelo, e é isso o que fazemos quase sempre sem refletir sobre os conflitos que suscitamos. Ao longo dos séculos ditos modernos, as rivalidades miméticas multiplicaram-se e reforçaram-se de tal forma que a natureza da existência foi alterada.

Há certamente um lado positivo da intensificação do mimetismo: a concorrência que ele estimula deu origem à extraordinária energia do nosso mundo, aos progressos gigantescos nas ciências e nas técnicas. Todavia, os aspectos negativos aumentam paralelamente. A violência é cada vez mais armada e, portanto, cada vez mais destrutiva, a ponto de ameaçar a sobrevivência da humanidade.

Em geral, a concorrência mimética faz os homens infelizes. Um dos primeiros a perceber isso foi Stendhal, um dos cinco romancistas analisados em meu primeiro livro. Em um mundo extremamente mimético, os únicos objetos intensamente desejados são aqueles que um rival nos impede de ter. E a recíproca é verdadeira: os objetos que ninguém pensa em nos tirar deixam rapidamente de interessar. Frequentemente, esse duplo fenômeno é suficiente para fazer a nossa existência um inferno.

No título de meu primeiro livro, *Mentira Romântica e Verdade Romanesca*,[1] o primeiro componente da oposição, a mentira romântica, se refere à ilusão que todos temos de desejar espontaneamente, ou dito de outra forma, de sermos os únicos donos e autores de nossos desejos, especialmente nos momentos em que certamente não somos os menores de seus donos e autores.

O segundo componente, a verdade romanesca, designa o poder que têm alguns escritores, sobretudo os romancistas, de identificar o mimetismo não apenas nos outros, sempre mais fácil de detectar, mas também em si mesmos. Esse poder ninguém tem de imediato. É necessário adquiri-lo com grande sacrifício e as grandes obras romanescas ensinam-nos o modo de tal aquisição.

Em *Édipo Rei*, acontece uma mudança mais ou menos análoga àquela do romancista que passa da mentira romântica à verdade romanesca. Perante a epidemia de peste, Édipo, que acreditava não ser suspeito, suspeita de todos à sua volta e, no fim, sua arrogância angustiada se volta contra ele mesmo. Quem alimenta um bicho, acaba sendo devorado por ele.

Em uma comunidade arcaica como a de Tebas da tragédia, a epidemia indica imediatamente a ira do deus da peste, nesse caso Apolo, zangado por algum crime que ficou impune. Édipo tem todos os motivos para acreditar que é inocente. Não foi ele que, no passado, salvou a cidade de

---

[1] *Mentira Romântica e Verdade Romanesca*. Trad. Lília Ledon da Silva. São Paulo, Editora É, 2009.

uma prova comparável à que tem agora de enfrentar? O Édipo de Sófocles é, primeiro, uma arrogância que destrói, ou seja, o mesmo que a passagem da mentira romântica à verdade romanesca. Nos dois casos, além da humilhação, a experiência se revela fecunda. Ao romancista esta propicia o romance, ao herói mítico, traz a sabedoria que triunfa na segunda tragédia, *Édipo em Colona*.

A análise essencial é aquela das relações hostis entre Édipo e Tirésias. É, obviamente, uma rivalidade mimética, fonte de uma simetria sempre mais violenta entre os dois visionários que se imitam um ao outro perpetuamente, seu ódio redobrando a cada réplica. Os dois homens parecem-se já no começo e mais ainda mais no final. É para aperfeiçoar a semelhança com seu rival cego, podemos dizer, que Édipo fura os olhos... Um processo análogo se inicia com Creonte. Quanto mais os personagens procuram se diferenciar, mais se assemelham. Todas as características estruturais dos conflitos miméticos são levadas ao extremo. Mais a violência aumenta, menos ela traz a resolução. Por ser assim, tanto Édipo, quanto Tirésias ou Creonte poderiam desempenhar o papel de culpado. Durante muito tempo, a balança permanece igual entre os personagens e se, no fim, é para o lado de Édipo que ela pende, se é Édipo que fornece a vítima indispensável, não é porque ele o merece mais que os outros dois, e sim por um motivo que Sófocles advinha, penso eu, mas que jamais menciona.

Longe de ser o dado mais significativo, a acusação de parricídio e de incesto, a história do "mensageiro" coríntio é toda demasiado estereotipada para ser de fato relevante. Ao contrário do que pensa Freud, nada é mais banal que os parricídios e os incestos nos mitos. Precisa haver outro elemento na decisão final e esta não pode ser se não um movimento irresistível da multidão. É o povo que decide. Em outras palavras, é o próprio mimetismo em ação. O mimetismo se fixa no rei, mas poderia muito bem fixar-se em um dos dois amigos que escapam do problema sem que um fio de cabelo da cabeça deles seja tocado.

O povo é ainda mais furiosamente mimético que os indivíduos que o compõem. A decisão deve derivar de seu mimetismo, de uma irresistível violência coletiva. Alguns indícios textuais sugerem que Sófocles vê as coisas precisamente assim. Por que, então, ele não o diz expressamente? O autor trágico não é livre para dizer o que deseja. O significado dos mitos foi fixado uma vez para todos e ele não deve modificá-lo.

Ao produzir, repentinamente, uma bola de neve contra Édipo, o mimetismo transforma a impossibilidade de decidir em uma decisão unânime, e isso pelo preço de uma única vítima, o rei. O povo decide, mas sem perceber. Essa decisão que surge espontaneamente e não tem necessidade de ser tomada é cômoda para todos – à exceção, por certo, da vítima.

Resumindo, por trás dos mitos, eu vejo um fenômeno espontâneo que, em nossos dias, é bem conhecido. Para designá-lo, tomamos emprestado do ritual judaico de Yom Kippur a expressão "bode expiatório". Após ter designado primeiro a única vítima do ritual, a expressão aplica-se, hoje em dia, as todas as vítimas inocentes escolhidas por uma comunidade em crise para se livrar a baixo custo de sua angústia.

O sentido moderno está relacionado com o ritual, porém, designa um fenômeno espontâneo. Quando o mimetismo se intensifica, em um grupo em crise, em vez de sempre dividir aqueles que contamina, paradoxalmente, ele se torna cumulativo. Produz-se, assim, uma autêntica bola de neve contra um membro da comunidade, nesse caso Édipo, que acaba sendo linchado ou unanimemente expulso. A violência então é interrompida. O bode expiatório aparece, no fim das contas, como responsável tanto pela violência como pela sua interrupção, útil e, ao mesmo tempo, ameaçador. É no contexto das especulações sobre o bode expiatório que estão as origens, penso eu, da ideia arcaica de divino.

Muito me criticaram por ter deixado a crítica literária em favor de um tema tão pomposo, quanto batido, a religião arcaica. Atribuíram à teoria mimética a ambição de construir um sistema "no sentido do século XIX". É um desconhecimento total da minha abordagem. Na realidade, meu objetivo sempre foi explorar o desejo mimético até o fim e nada mais. Que posso fazer se tal exploração me conduziu, primeiro, a crises miméticas, e em seguida, passo a passo, aos mecanismos de vitimação e aos rituais de sacrifício, isto é, a uma definição que faz que as culturas e as religiões levem a cabo grandes esforços para disciplinar as rivalidades miméticas, a fim de impedi-las de destruir a comunidade. A única exceção é a tradição bíblica e cristã, assim como o universo moderno que dela resulta, o único que realmente procurou abolir os sacrifícios sangrentos.

Longe de ser enciclopédica – no sentido de Hegel, Marx e outros construtores de sistemas do século XIX, minha tese desconstrói a cultura humana, em um sentido mais radical do que aquele das desconstruções linguísticas. São as estruturas violentas das sociedades humanas que ela desafia, são os fenômenos do bode expiatório que ela revela. Depois de funcionar sem nosso conhecimento durante toda a história, já que não eram compreendidos, tais fenômenos são cada vez mais desvendados em nosso mundo, e por isso mesmo são menos eficazes. O que a teoria mimética revela de mais importante, na minha perspectiva, não é apenas, ou especialmente, o fenômeno do bode expiatório. O mais importante é o fato de não sermos os primeiros a fazer tal desconstrução, pois fomos precedidos nesta empreitada... pela Bíblia e pelos Evangelhos.

A antropologia moderna esforçou-se para provar que as religiões bíblicas, o judaísmo e o cristianismo, são bastante semelhantes a todas as outras. Trata-se de argumento de peso. Os mitos, a Bíblia e os Evangelhos são todos repletos de bodes expiatórios e de fenômenos de vitimação que se iniciaram com o assassinato de Abel, por parte de Caim, e não cessaram de se repetir até o suplício de Cristo – o mais visível e explícito de todos.

Tudo isto é correto, mas não determina de forma alguma a questão do relacionamento entre o mítico e o bíblico. O que os antropólogos jamais observaram, tal como não o fizeram os filósofos e os estudiosos, é que na bíblia e nos evangelhos, os bodes expiatórios não são tratados como na mitologia.

Jamais os mitos colocaram em dúvida a culpa das vítimas. Jamais os mitos contradisseram a opinião do público sobre seus crimes. É precisamente o que acontece no caso de Édipo, por exemplo. A mesma coisa pode ser dita em relação a todos os outros "crimes" do mesmo gênero cometidos, em princípio, pelas vítimas de tantos outros mitos. Dessa forma, os mitos são a própria voz dos sistemas religiosos e culturais na crença unânime na culpa de uma vítima, que, no fim, foi divinizada. Essa é a essência dos sistemas religiosos arcaicos.

Os sistemas míticos funcionam cada vez menos hoje em dia. Na verdade, nunca funcionaram tão pouco, uma vez que, ao revelar a inocência do servo sofredor ou de Jesus, os grandes dramas bíblicos e a Paixão de Cristo revelam a inocência não apenas das vítimas, cuja inocência é então proclamada, mas, indiretamente, revelam a inocência de todas as vítimas anônimas, falsamente condenadas e massacradas por religiões arcaicas e pelas culturas humanas em geral.

diálogo com René Girard

Mark R. Anspach: Todos pensam saber quem é Édipo: ele matou o pai e casou com a mãe. Você, René Girard, diz: calma! Édipo foi *acusado* de matar o pai e casar com a mãe...

René Girard: Ele é acusado de tê-lo feito, mas não é mais do que um bode expiatório. É necessário observar o contexto da acusação: há uma crise, a peste grassa em Tebas. Portanto, procura-se um culpado.

M. R. A.: Procura-se identificar o assassino, responsável por ter provocado a peste, o que não promete nada de bom. Em nosso ponto de vista, não é muito racional perguntar *que criminoso* provocou aquela epidemia. A questão é desde logo mal colocada.

R. G.: Muito bem, aqui está a pergunta má, que só pode desencadear uma caça às bruxas. Mas tal questão é formulada cada vez que uma peste irrompe no Ocidente. Por exemplo, ocorre exatamente o mesmo fenômeno na Idade Média. O problema é que não se sabe o que fazer para combater a peste eficazmente. Porém, sabemos perfeitamente como atribuir a responsabilidade a uma vítima escolhida de forma mais ou menos arbitrária. Em situação de crise, a multidão está pronta a incriminar, não importa quem.

M. R. A.: Édipo não é exatamente qualquer um, ele é o soberano de Tebas.

R. G.: Ele é o soberano, mas porque salvou a cidade; portanto, *a priori* não há razão para ser suspeito de provocar sua perda. Podemos ter todo um conjunto de implicações ou de não implicações. Édipo é um estrangeiro quando chega à cidade. No fundo, ele está lá por acaso. E se a história sobre as suas origens for falsa...

M. R. A.: Ou seja, se ele não for, de fato, o filho de Laio e Jocasta...

R. G.: Então, ele é qualquer um.

M. R. A.: Em meu texto, chamo a atenção para a relativa fragilidade da hipótese de Édipo ser filho do rei e da rainha de Tebas. Evidentemente que Sófocles não fornece as provas de sua inocência, mas ele também é muito cuidadoso ao fornecer as provas irrefutáveis de sua culpa. Uma dúvida razoável persiste. Não podemos ter certeza nem do incesto, nem do parricídio, nem mesmo do regicídio. No início da peça, trata-se de descobrir quem matou o predecessor de Édipo no trono de Tebas e, mesmo aí, a resposta está longe de ser clara. No fim, contudo, todas essas questões são secundárias em relação à verdadeira questão, que é a de atacar a causa da peste. Mesmo que Édipo fosse um filho incestuoso e parricida, ainda que tivesse matado seu predecessor no trono, ainda assim, ele não seria a *causa da peste*.

R. G.: Ele é sempre um bode expiatório.

M. R. A.: Ao dizer "Édipo é um bode expiatório", o senhor diz algo muito simples, e mesmo evidente, mas ninguém ousou dizer isso de forma tão clara antes. Podemos compará-lo ao menino, se o senhor permitir, do conto "A Roupa Nova do Rei".[1] Todos sabem que os crimes de que Édipo é acusado não poderiam ter provocado a peste, mas o senhor é o primeiro a proclamá-lo: "O Rei está nu, as acusações não se sustentam". Quando se trata do mito de Édipo ou de outros mitos canônicos, recusamos certas evidências. É como se deixássemos nosso espírito crítico dormir.

R. G.: Sim, o espírito crítico é substituído pela tradição literária, que pode servir como introdução a um questionamento da quantidade de atitudes perante os textos literários. Pensei, em determinado momento, em escrever sobre esse tema. Certos textos, aqueles que constituem a fonte de seu prestígio, servem como modelos. E, então, o questionamento cessa.

M. R. A.: Por um lado, o senhor enquadra-se nessa mesma tradição – sem deixar de questioná-la –, uma vez que desenvolveu suas hipóteses antropológicas a partir de uma releitura aprofundada de *Édipo Rei*. Na década de 1960, o senhor dedicou à peça de Sófocles uma série

---

[1] Conto de Hans Christian Andersen, publicado em 1837. (N. T.)

de artigos que marcam a passagem da teoria do desejo proposta em *Mentira Romântica* à teoria da religião, formulada em *A Violência e o Sagrado*, livro em que a reinterpretação tanto da tragédia grega quanto do complexo de Freud desempenham um papel importante. Do ponto de vista pedagógico, talvez seja eficaz retomar um exemplo que todos conhecem, mas não existe o risco de reforçar a ideia de que o mito de Édipo tem um estatuto privilegiado?

R. G.: Certamente, esse risco existe. Se escrevesse de novo, teria uma abordagem diferente. Seria preciso evitar as alusões a um Édipo sacralizado, considerado uma evidência, e que, no fim, apenas tem como garantia as especulações de Freud, ainda que sejam pertinentes, sob um determinado tipo de relacionamento.

M. R. A.: Uma vez que o senhor dedicou atenção a Édipo e ao debate com Freud, algumas pessoas sugeriram que o pai da psicanálise foi para o senhor uma espécie de modelo ou rival mimético...

R. G.: Isso é um exagero. Freud não foi verdadeiramente um modelo para mim e muito menos um modelo incômodo. Nunca procurei *fugir* de Freud, nunca tive um período "freudiano". A minha abordagem de Freud foi feita através de pequenos toques. Sempre fiz idas e voltas na leitura, admirei certas coisas e depois, em outros momentos, disse a mim mesmo: que tolice!, essa parte propriamente psicanalítica. Mas tudo o que seja leitura em Freud, por exemplo, o início de *Totem e Tabu* é absolutamente genial. Considero *Moisés e o Monoteísmo* o melhor livro de Freud, repleto de intuições.

M. R. A.: Voltemos um pouco à parte psicanalítica da obra de Freud. Para ele, a libido é o motor do sistema, para o senhor o motor será, em vez disso, a propensão para imitar. Evidentemente, o senhor reconhece a importância da sexualidade, porém, de acordo com sua teoria, não é ela que modela as relações humanas. Pergunto-me se o senhor chegaria a negar a sexualidade infantil, uma vez que esta é determinante para a concepção freudiana do complexo de Édipo?

R. G.: Não, não negaria sua existência, mas diria, sem dúvida, que começa um pouco mais tarde do que afirma Freud.

M. R. A.: Freud tende um pouco a procurar impulsos sexuais por toda a parte.

R. G.: Ele defende, por exemplo, um desejo homossexual do menino em relação a seu pai: penso que se trata de uma completa tolice.

M. R. A.: Isso seria porque Freud não sabe muito bem o que fazer do lado positivo da emulação, da admiração que acompanha a rivalidade. O senhor tem sua própria versão do triângulo edipiano, de acordo com o qual a imitação do pai precede o desejo pela mãe. O funcionamento do mecanismo, sua dinâmica, é diferente em sua teoria, mas a estrutura assemelha-se à de Freud.

R. G.: Freud reúne todos os elementos do triângulo mimético, ele passa muito perto. Eu diria que ele obtém um triângulo mimético que ele não quer que seja um triângulo. Os elementos isoladamente não constituem verdadeiramente um conjunto coerente.

M. R. A.: De seu lado, o senhor não se baseou, de forma alguma, no complexo de Édipo para construir o triângulo mimético. De fato, em *Mentira Romântica*, o senhor elaborou uma teoria do desejo sem considerar a figura de Édipo. Foi apenas mais tarde, quando inicia o estudo da mitologia, que o senhor aborda o mito de Édipo.

R. G.: Sim. Se recomeçasse, insistiria de forma mais categórica no fato de que a história de Édipo não é mais do que um mito entre tantos outros.

M. R. A.: O senhor poderia ter começado por um mito completamente diferente, um mito exótico que não significasse nada para o leitor ocidental e o qual fosse passível de demonstrar posteriormente suas afinidades com o mito de Édipo. É precisamente isso que o senhor faz em *Origens Violentas*,[2] analisando um mito que, à primeira vista, não tem nada a ver com o mito de Édipo, o mito de Milomaki.

R. G.: É um mito dos Yahuna da Amazônia.

M. R. A.: O herói do mito é um menino estrangeiro que chega a um grupo e suscita imediatamente admiração pela forma maravilhosa como canta. As pessoas vinham de longe para ouvi-lo. Mas depois, as coisas correm mal para ele...

---

[2] Walter Burkert, René Girard, Jonathan Z. Smith, *Violent Origins. Ritual Killing and Cultural Formation*, coordenação de Robert G. Hamerton-Kelly (org.). Stanford: Stanford University Press, 1987. [Livro que será publicado na Biblioteca René Girard] (N. T.)

R. G.: Porque, depois de voltar para casa, as pessoas que o ouviram comem peixe e ficam doentes, chegando mesmo a morrer. Os outros culpam o infeliz Milomaki e matam-no.

M. R. A.: O curioso é que a história faz a ligação entre a doença e o fato de as pessoas comerem peixe. Para nós, isso bastaria como explicação: diríamos que certamente o peixe estaria podre. Mas, para a coletividade na origem do mito, era necessário atribuir a responsabilidade a *alguém*. E a quem, se não ao estrangeiro fora de série, ainda que, tal como Édipo, tenha sido bem acolhido quando chegou? Assim, nos dois mitos imputa-se arbitrariamente ao recém-chegado a responsabilidade pela doença mortal que atinge a comunidade. Certamente, no caso de Milomaki não há incesto, mas, para o senhor, esse mito amazônico deve ser enquadrado na mesma categoria que o mito de Édipo?

R. G.: Sim, é arbitrário considerar o mito de Édipo absolutamente especial.

M. R. A.: Por fim, havia uma tendência a classificar os mitos de acordo com as acusações que eles comportam. Se o herói é acusado de incesto ou parricídio, diz-se que é um mito edipiano. Se é considerado culpado de uma intoxicação alimentar, pode-se dizer que é um mito milomakiano, mas essa atitude considera de forma muito séria o conteúdo dessas acusações.

R. G.: As circunstâncias em que a vítima é condenada são variáveis, mas não o funcionamento do mecanismo. É a convicção unânime da culpa da vítima, quaisquer que sejam as acusações que a oprimem, que permitem ao grupo encontrar sua unidade. Retrospectivamente, à vítima também serão atribuídas qualidades positivas, sendo percebida não apenas como responsável pela crise, mas também pela sua resolução.

M. R. A.: A propósito, é necessário contar o final do mito de Milomaki. Ele é queimado vivo, em seguida uma magnífica árvore cresce sobre suas cinzas: a primeira palmeira de uma espécie, cuja madeira servirá para fabricar as flautas. A música dessas flautas reproduz o maravilhoso canto do desaparecido.

R. G.: E pronto: o assassinato coletivo tem um efeito benéfico! A vítima surge transfigurada, tornando-se objeto de adoração, tal como Édipo, após sua expulsão de Tebas.

M. R. A.: Em 2009, assistimos à transfiguração póstuma de um personagem que se tornou famoso pela forma maravilhosa como cantava quando era criança, tal como Milomaki, sendo acusado mais tarde, se não de incesto, como Édipo, de pedofilia, um crime praticamente equivalente. Refiro-me, claro, a Michael Jackson. Sem ter sido objeto de um assassinato coletivo, foi certamente vítima de sua celebridade. Foi impressionante ver o ídolo derrotado, à beira da falência, concentrando em si a adoração mundial no momento de sua morte. Tudo se passou como se se tivesse reconhecido que ele tinha oferecido, com sua morte, uma ocasião solene para nos reunirmos em volta dele.

R. G.: De fato, podemos dizer que é um fenômeno desse gênero. No caso de Édipo, a metamorfose em deus positivo é sugerida pelo fato de tornar-se um herói religioso em Colona. É uma inovação de Sófocles, nascido em Colone, dizer que essa cidade acolhe Édipo em seu exílio. Ele é recebido como uma celebridade, o que parece um pouco a chegada de uma boa equipe de futebol a uma cidade que não a tem!

M. R. A.: *Édipo em Colona* é a última obra de Sófocles, representada apenas após sua morte: seu último legado. Nessa peça, Édipo esboça sua autodefesa afirmando ter sido injustamente tratado. Em suma, ele se apresenta como uma *vítima*.

R. G.: A autodefesa de Édipo faz pensar um pouco na de Jó. Porém, a recusa da perspectiva dos perseguidores é ainda incompleta em Édipo. O verdadeiro herói do conhecimento vitimário é Jó. Ao dizer a verdade obstinadamente, ao saber que não fez nada para merecer sua desgraça, Jó faz uma pequena revolução epistemológica. Sófocles fica aquém dessa revolução, mesmo que por vezes se distancie de uma visão puramente mitológica.

M. R. A.: O senhor mencionou Jó. De minha parte, gostaria de lhe propor uma comparação um pouco insólita entre o mito de Édipo e uma outra história bíblica, a da destruição de Sodoma. No caso da peste de Tebas, a maldição divina atingiu indiferentemente todos os habitantes da cidade devido à presença de um único homem, tido como culpado. A esse respeito, os habitantes de Tebas são também vítimas inocentes, mas o fato de eles terem de sofrer pelo suposto crime de um só não parece ser chocante. No caso de Sodoma, contudo, Abraão insiste com Deus sobre a necessidade de poupar os habitantes inocentes. É necessário admitir o princípio segundo o qual a presença de apenas dez justos obriga o Senhor a conter sua ira. Sodoma será destruída de qualquer forma, porque não se encontram lá os dez virtuosos. Só se encontra um: Lot, um estrangeiro na cidade. No entanto, os anjos de Deus se encarregam de salvar o estrangeiro e sua família, e quando ele hesita em partir, eles o pegam pela mão e o colocam para fora sem hesitação. Numa palavra, eles *o expulsam*, mas a expulsão de Lot tem um sentido oposto à de Édipo, visando salvar um homem isento de culpa, evitar que se faça uma vítima inocente.

R. G.: O texto bíblico caracteriza-se efetivamente por uma preocupação constante em distinguir o inocente e o culpado. Isso equivale à preocupação de evitar bodes expiatórios. A mesma preocupação está ausente nos textos míticos. Essa diferença me parece essencial. No universo judaico-cristão, a expulsão dos bodes expiatórios não desaparece, mas não dará mais origem a mitos como o de Édipo.

M. R. A.: Com esta observação, concluímos. Obrigado por participar desta conversa.

Édipo mimético

> Há apenas Chu-bu.
> ... Há Sheemish também.
> Senhor Dunsany, "Chu-bu e Sheemish"

O que acontece quando um novo deus se instala no templo de Chu-bu? Chu-bu é um deus pequeno, mas orgulhoso. A adoração ao recém-chegado Sheemish não pode senão suscitar seu ressentimento. Uma noite, para grande prazer de Chu-bu, uma ave sujou a cabeça do novato. "Tem sujeira na cabeça, Sheemish", exultou Chu-bu. "Sujeira, sujeira, sujeira na cabeça de Sheemish".

Infelizmente, um pouco mais tarde, uma ave sujou a cabeça do próprio Chu-bu. Sheemish não deixou de observar. "Chu-bu sujo", gritou triunfantemente, desencadeando entre eles uma troca interminável de acusações recíprocas. "Eles falaram durante toda a noite, escreveu Dunsany, e durante toda a noite não disseram nada além destas palavras: "Chu-bu sujo", "Sheemish sujo", "Chu-bu sujo", Sheemish sujo". [...] E pouco a pouco Chu-bu veio a compreender que ele era, sem tirar nem por, exatamente igual a Sheemish".

Mesmo que haja qualquer coisa de trágico nessa verdade duramente entendida, não se pode ver Chu-bu como um herói trágico. Falta ao personagem de Dunsany seriedade. Suas brigas são demasiado infantis.

As crianças divertem-se trocando insultos. Elas querem disparar uma flecha tão devastadora que nenhuma resposta possa ultrapassá-la. Mas a vítima da lança mais afiada tem sempre à sua disposição uma réplica irrefreável: *aquele que o diz é quem é.*

Dita em um tom irônico, tal fórmula é de uma eficiência sem paralelo. Como um foguete antimíssil digno da mais fabulosa Guerra nas Estrelas, a fórmula se precipita do céu para interceptar todos os insultos que chegam antes mesmo que ele atinja seu alvo, voltando automaticamente à fonte sem ter necessidade de verificar sua natureza.

Tal resposta puramente mecânica funciona sempre, porque, por mais variável que possa ser a natureza dos insultos, a estrutura da troca permanece idêntica. "Quem trata você por "besta"? É você a "besta"![1] *Aquele que o diz é quem é*: essa defesa estará sempre à altura de qualquer ataque, uma vez que se encontra ao metanível da estrutura. Ela reduz a dialética do *playground* a uma função quase matemática – uma função "bêta", onde a variável adquire o valor que corresponde ao atributo insultuoso escolhido pelo adversário: "Quem trata você por (ß)? É você a (ß)?!"

A estrutura em questão é bastante simples, porém, apresenta um paradoxo. Ao insultar você com seu próprio insulto, eu me comporto como você, portanto, você se torna modelo. No próprio momento em que coloco você na mira, reproduzo sua imagem como um espelho fiel.

---

[1] Em francês há um jogo de palavras entre "bêta" (a letra grega) e "bête" (idiota, besta, em linguagem coloquial). (N. T.)

Digo que você é tolo por me tratar como tolo, mas, por tratar você como tolo, o que sou, então? Se imito você, como posso ser outra coisa além de seu semelhante?

Uma epidemia de duplos

A rivalidade gera a imitação, a imitação gera a rivalidade: essa dupla paradoxal constitui a base de toda a teoria da cultura humana que René Girard elaborou pacientemente durante meio século e a qual pretendemos explorar e colocar à prova. Bem entendido, Girard aborda as questões de forma muito mais séria do que as disputas do *playground*. Ele se baseia na critica literária e na psicanálise, na antropologia, na religião comparada e na filosofia; ele repensa Dostoiévski, Proust, Freud e a Bíblia, sem esquecer a tragédia grega e a mitologia primitiva. A extensão de suas pesquisas é impressionante. E, no entanto, aonde quer que ele olhe, ele detecta sempre a mesma estrutura de imitação e de rivalidade.

Édipo Rei é um bom exemplo. Eis uma obra eminentemente séria. Depois de ter solucionado o enigma da esfinge, Édipo tem de se confrontar com o mais sombrio e profundo dos segredos, aquele do parricídio e do incesto. O segredo é tão assustador que mesmo o célebre visionário Tirésias hesita em revelá-lo. Quando Édipo pergunta quem matou Laio, Tirésias apenas responde: "Eu sei, mas você tem de descobrir".

Irritado com essa recusa em responder, Édipo acusa Tirésias de ter planejado a morte de Laio. Mas, assim que Édipo faz a acusação, seu alvo devolve-a. E quando Édipo desafia Tirésias a repetir suas palavras, Tirésias não apenas as repete, como acrescenta uma alusão infamante sobre a mãe de Édipo.

Édipo reage como se não se importasse com ninguém. "Ah, disse ele, e você é um tolo cego!", Tirésias ficou realmente cego e se descontrolou. "A quem chamas cego?", perguntou ele. "O cego é você, pois não vê sequer a verdade sobre seus próprios atos". É então que Girard intervém e pergunta se Tirésias vê a verdade sobre ele mesmo. Será que ele sabe que está prestes a *imitar Édipo*? Será que ele compreende que sua atitude cria uma igualdade ao fato, tornando-o cada vez mais igual a Édipo?

Aquele que o diz é quem é. "Todo homem", observa Girard, "é Édipo – o culpado – *para o outro,* e Tirésias – o profeta subestimado – *para si mesmo*". "Tirésias sujo", "Édipo sujo". "Tirésias sujo", "Édipo sujo"... a troca de insultos entre o profeta e o rei desorienta o coro, que pronuncia o diagnóstico: "É a raiva que inspira as palavras de Tirésias, como as de Édipo" (linhas 404-405).

A animosidade é contagiosa, ela se transmite de um antagonista ao outro. Tirésias "'pega' o ódio de Édipo, como se pega uma doença contagiosa", escreveu Girard. O coro teme que, ao brigarem, Édipo e Tirésias percam de vista o essencial: a peste de que é necessário livrar Tebas. Com audácia, Girard associou os dois fenômenos. A discórdia violenta é em si mesma uma peste. Em virtude de seu caráter mimético, ela pode se propagar como uma doença contagiosa devastadora, e como uma doença contagiosa, ela destrói as distinções, e transforma os indivíduos em duplos simétricos.

Toda a epidemia de peste é uma epidemia de duplos. Girard comenta desse modo as semelhanças impressionantes que marcam as pestes literárias e mitológicas: "Curiosamente, essas semelhanças inserem-se na própria noção de semelhança. A peste é universalmente apresentada como um processo de indiferenciação, uma destruição de especificidades". Para ilustrar sua observação, Girard poderia citar as seguintes linhas escritas por Tucídides a propósito da peste que destruiu Atenas em 430 a.c.: "Alguns morrem privados de socorros, os outros são cercados de todos os cuidados. Quanto aos tratamentos aplicados para aliviar os doentes, nenhum deles, lhe dizemos, pode passar pelas suas provas. O que faz bem a um, agrava o estado de outro. Nenhuma constituição, forte ou frágil, se mostra capaz de resistir ao mal, que toma indiferentemente todo o mundo". As palavras de Tucídides são ainda mais pertinentes se as situarmos na primeira produção de *Édipo Rei* entre 429 e 425 d.C. – durante ou logo após a peste em Atenas. As versões anteriores do mito de Édipo não falam da peste em Tebas, pelo que podemos pensar que Sófocles se inspirou na epidemia que surgiu em sua própria cidade.

Se Girard não insiste no contexto histórico específico da redação da peça é porque prefere destacar a abrangência universal. Em *A Violência e o Sagrado*, ele observa: "Mesmo que Sófocles tenha pensado na famosa peste de 430, há mais e outras coisas na peste de Tebas do que na doença microbial com o mesmo nome. A epidemia que interrompe todas as funções vitais da cidade não pode ser estranha à violência e à perda de diferenças". A verdade é que diante de sua tendência confessa para descobrir as semelhanças entre todas as grandes obras literárias, certos leitores poderiam perguntar se o próprio Girard não ignora as diferenças. Intruso no templo dos estudos clássicos, ele é suspeito. Assim, é necessário verificar se sua interpretação de *Édipo Rei* não trai a especificidade do texto grego.

Tanto na peça de Sófocles, como em Tucídides, a palavra mais usada para dizer "peste" é *nosos*. Segundo Frederick Ahl (p. 46):

> *Nosos* pode também ter o sentido de uma metáfora política. No livro 5 da *República* (470C), Platão descreve os conflitos entre os estados gregos como sendo não apenas guerras civis, mas uma espécie de *nosos*, "doença": "em uma situação destas, a Grécia está doente". Entre o público de Sófocles muitos partilharam a ideia de Platão, segundo a qual as guerras fratricidas entre os Gregos eram "a doença (*nosêma*) extrema da *polis*". (Républica, 8.544C)

Historicamente, os dois tipos de ferida coincidem. A peste microbial atinge Atenas durante a Guerra do Peloponeso, que ainda se encontra no auge quando Sófocles escreve *Édipo Rei*. Na peça, é ao deus da guerra, Ares, que o coro atribui a catástrofe da cidade. "Aos olhos do coro", comenta Ahl, "a peste é acompanhada de uma guerra, e é, sobretudo, da guerra que eles esperam ver o fim.

O verbo que eles usam para pedir a Zeus que destrua Ares, *phthison* (201), é o mesmo verbo usado em duas situações pelo padre, nas linhas 25-26, para descrever os efeitos da peste". Para combater o poder destrutivo de Ares, Zeus tem de recorrer ao mesmo poder destrutivo.

As simetrias desse gênero voltam continuamente em Sófocles. Suzanne Saïd observa um exemplo típico em *Electra*, em que a heroína premedita o assassinato do pai: "Na tragédia de Sófocles, tal como nas análises (...) de René Girard, o vingador se torna necessariamente o duplo de seu adversário. Electra, que queria ser filha de seu pai e apenas dele, tem de reconhecer que é também a digna filha de sua mãe, uma vez que se tornou, tal como ela, 'perversa, estridente, sem vergonha' e aprendeu, com seu exemplo, a praticar a infâmia".

Mas, se os adversários são os duplos, *cada um* aprende com o exemplo do outro. Daí esse grito do coração comum aos antagonistas trágicos e às crianças briguentas: "Não fui eu quem começou!" Suzane Saïd chama a atenção sobre a disputa entre Electra e sua mãe, em que "cada uma das duas mulheres se defende de ter principiado o conflito": quando a mãe diz que não fez mais do que responder com palavras desagradáveis às palavras desagradáveis que lhe foram dirigidas, Electra "destaca que, pelo menos daquela vez, não tomou a iniciativa das injúrias". *Quem acusa você de dizer palavras desagradáveis? É você desta vez quem diz as palavras desagradáveis...* tal troca de palavras desagradáveis devida a palavras desagradáveis, demonstra que Sófocles se interessa conscientemente pela estrutura simétrica dos relacionamentos entre os personagens.

Girard não é o primeiro a constatar a "abundância das simetrias quase matemáticas", que, de acordo com a fórmula de John Jones, caracteriza *Édipo Rei*. No entanto, Girard vai mais longe, demonstrando que as equivalências estruturais entre os personagens superam todos os traços de diferenciação que possamos atribuir-lhes. Ou seja, é um verdadeiro desafio no caso do personagem principal: não é ele o único, afinal de contas, a ter possuído sua mãe? Para Freud, ele traduziu num impulso universal, que, porém, normalmente permanece latente. Quando, no fim da peça, Édipo chega à conclusão de que sua esposa é a mulher que o trouxe ao mundo, o horror incomparável da situação leva-o a furar os próprios olhos. Como poderíamos ver aí uma crise de indiferenciação?

Antes de abordar a interpretação de Girard sobre o tema do incesto, é necessário ver até onde podemos levar a equivalência entre Édipo e Tirésias. Os últimos eventos da peça devem ser contextualizados na famosa discussão na qual Tirésias insinua que Édipo é culpado de incesto e prevê que em breve estará mais cego que o próprio Tirésias. Ao se proclamar culpado, furando os próprios olhos, Édipo dá razão ao profeta e o faz duas vezes. Torna-se fisicamente o duplo de Tirésias, mas o paralelismo aparentemente termina. As circunstâncias particulares de sua cegueira não fazem de Édipo um personagem único?

Na realidade, não podemos saber onde termina o paralelo sem conhecer as circunstâncias da cegueira de Tirésias. A peça não as menciona, mas devem ter sido

familiares dos espectadores atenienses de Sófocles.
De fato, é a divindade epônima de sua cidade, Atena
em pessoa, que cegou Tirésias; quando ainda pequeno
ele a viu tomando banho. A ofensa de Tirésias – tão
involuntária como a de Édipo – consiste em ter descoberto a nudez da deusa. Por ter usado mal seus olhos,
é condenado a perdê-los. Agora, no tocante à peça,
constatamos que Édipo se cega por meio dos alfinetes
arrancados do manto de Jocasta (1268-1270) – alfinetes
que deviam esconder sua nudez. Portanto, assim como o
castigo de Tirésias, o de Édipo também se aplica ao crime cometido. Édipo, portanto, perde seus olhos depois
de tê-los usado mal. Sua cegueira e seus motivos tanto
em Tirésias como em Édipo foram os mesmos.

Um freudiano poderia contestar que, para insistir na
perda de diferenças, o elemento determinante, o incesto
é negligenciado. Contudo, é fácil integrar esse elemento
se supusermos, de modo aliás completamente freudiano,
que o fato de ver Atena nua inspirou no pequeno Tirésias
um desejo inconsciente pela figura materna que a deusa
sugere. De fato, Geza Roheim, que não hesita em estabelecer uma equivalência entre Tirésias e Édipo, chega a
citar uma versão do mito em que Tirésias *vê sua própria
mãe prestes a tomar banho* com Atena.[2] Por isso, a ofensa
de Tirésias foi "edipiana" antes de o termo existir – ou
não será melhor considerar a ofensa de Édipo a partir de
agora como "tiresiana"? Nos dois casos, a distinção entre
os dois personagens se perde.

---

[2] Calímaco, *Lavacrum Palladis*. Ver Geza Roheim, "Tiresias and other Seers" [1946], citado por Richard S. Caldwell, p.209.

O rei Édipo é um lixo

Para Girard, o tema do incesto é, em si mesmo, um grande indicador da perda das diferenças. Ao destruir a fronteira que separa os papéis de mãe e esposa, de filho e de marido, a união incestuosa mina as diferenças mais fundamentais sobre as quais repousa a ordem social. Além disso, todas as crianças nascidas de tal união sofrerão forçosamente a mesma crise de indiferenciação. Édipo se culpa de ter gerado "crianças que são irmãs de seu pai". Como observa Maria Daraki (p. 135), "aquilo de que o rei de Tebas se acusa com horror é de ter misturado as gerações. Na tragédia de Sófocles, o incesto não é uma transgressão *sexual* propriamente dita; é uma ofensa às leis de um certo tipo de *filiação*". Seguindo o próprio Sófocles, Girard enfatiza essa "mistura escandalosa de parentesco" que a tragédia apresenta repetidamente como consequência monstruosa do incesto.

Devido à sua capacidade de confundir as distinções, o incesto se assemelha à violência. Se o incesto transforma em duplos os membros da família, o conflito violento transforma em duplos os piores inimigos. A acusação de incesto exprime no plano simbólico o mesmo processo de indiferenciação do conflito entre Édipo e Tirésias. Porém, a acusação de incesto é muito mais que um símbolo, é uma arma poderosa nas mãos de um dos antagonistas. Ao acusar Édipo de dormir com sua mãe, Tirésias o culpa da injúria mais degradante possível.

O incesto destrói as diferenças entre os indivíduos, e, além disso, a *acusação* de incesto tem também a capacidade de destruir um indivíduo em particular: o acusado. Se a acusação prevalece, ele é destruído aos olhos da comunidade pois é visto como a única fonte infecciosa do que é talvez uma verdadeira epidemia de indiferenciação. Na primeira parte da tragédia, por exemplo, a cidade é infectada por uma peste, que o oráculo de Delfos atribui a um regicídio. Édipo e Tirésias se imputam mutuamente a responsabilidade dessa primeira violação de uma distinção fundamental. Como sustentam com igual veemência, e sem a menor prova das acusações feitas, mas de igual alcance, não fazem mais do que intensificar a crise de indiferenciação. Contudo, Tirésias não apenas atribui definitivamente ao adversário a culpa do regicídio, mas também o torna culpado de um parricídio incestuoso. Desse modo, Édipo se torna a encarnação única do colapso das distinções. "Em Édipo", observa Girard, "a diferença é tão radicalmente destruída que todos recuam horrorizados. E esse recuo, esse afastamento, é a restauração da diferença perdida".

Aqui ocorre uma reviravolta na evolução da crise descrita por Girard e em sua própria demonstração. No momento em que todas as diferenças se obscurecem e cada antagonista aparece como igual ao outro, uma inversão paradoxal se produz: por estar concentrada em um só indivíduo, a própria indiferenciação se transforma em fonte de diferença. O incesto representa um excesso de indiferenciação suficiente para fazer de Édipo "mais igual" do que – e, portanto, diferente de – todos os outros. É justamente essa interpretação de Girard, e também é o que afirma o próprio Tirésias mediante um jogo de palavras analisado por Jean-Pierre Vernant:

> A igualdade estabelecida entre Édipo e seus filhos se manifesta em uma série de imagens brutais... Mas é Tirésias que fornece a esse vocabulário de igualdade todo o seu peso trágico quando assim se dirige a Édipo: virão os males que "te farão igual a ti mesmo ao te fazerem igual a teus filhos". A identificação de Édipo com o próprio pai e com seus próprios filhos, a assimilação em Jocasta da mãe e da esposa, fazem de Édipo igual a si mesmo, ou seja, fazem um *àgos* [profanação], um ser *àpolis*, sem nada em comum com os outros homens... (p.128).

Tirésias estigmatiza Édipo, sublinhando a ausência de diferença que o singulariza. O fato de ser igual a seus filhos faz dele um lixo sem igual. Ninguém é tão sujo como ele. "Há imundícies sobre tua cabeça, é Édipo", clama Tirésias. "Imundícies, imundícies, imundícies sobre a cabeça de Édipo!"

Mas, Tirésias não tem razão? No fim da peça, todos concordam que Édipo matou seu pai e esposou sua mãe, incluindo o próprio acusado. Não é Édipo, de fato, culpado?

O que dizem os indícios

Vemos frequentemente em *Édipo Rei*, de Sófocles, a primeira narrativa policial da história, e um exemplo particularmente sofisticado do gênero. Após ter reunido as provas e interrogado as testemunhas, o herói deduz que é o próprio culpado. Esta reviravolta teatral é tão brilhante que pode nos fazer perder de vista o mistério que o protagonista devia inicialmente esclarecer. A questão que se colocava não era, afinal de contas: "Quem matou seu pai e casou com sua mãe?". Não era sequer: "Quem matou Laio?" No começo da peça, de fato, ninguém pensa em Laio. Sua morte é esquecida entre as devastações e mortes provocadas pela peste. É essa crise geral, e não a morte de um único homem, que preocupa os habitantes de Tebas, suplicando a seu soberano que a solucione. E, se Édipo apela ao oráculo de Delfos, é para resolver a crise.

Toda a narrativa policial que se preza oferece uma pista falsa para enganar o leitor. Em *Édipo Rei*, o oráculo introduz uma pista que o leitor moderno deveria julgar pouco crível. A acreditar no oráculo, Tebas abriga um assassino impune, cuja presença seria a origem da peste. Ora, mas como pode ser assim? Sabemos que a simples presença de malfeitores, tão odiosos como são, não pode provocar a peste. E, no entanto, Édipo e os habitantes de Tebas seguem a pista sem hesitar, ainda que manifestamente falsa. Aos olhos de Girard, há qualquer coisa de suspeito na forma irrefletida como eles se lançam na perseguição do assassino de Laio.

Há, obviamente, uma explicação evidente para esse comportamento: os gregos da Antiguidade provavelmente partilharam a crença cultural segundo a qual a profanação pelo sangue desenvolve uma força mágica. Para demonstrar a influência "que essa superstição exerça, mesmo durante o Iluminismo", John Tresidder Sheppard cita a seguinte passagem de um discurso redigido pelo orador Antífon para os promotores públicos atenienses. O discurso pretendia fornecer um modelo do "tipo de argumento suscetível de influenciar um júri":

> É contrário aos vossos próprios interesses que tal pessoa, suja com sangue e odiosa como é, possa ter acesso aos recintos sagrados dos vossos deuses, manchando sua pureza; que possa sentar-se à mesma mesa que vês, infectando com sua presença os que são inocentes. Eis o que destrói a terra com esterilidade. Eis o que traz infortúnio aos empreendimentos dos homens.

Se acreditarmos que a proximidade de uma pessoa odiosa e suja de sangue pode provocar a esterilidade, a peste, ou qualquer outro tipo de desgraça, não é irracional que, perante algum desastre, se procure a "pessoa suja", isto é, o culpado.

Pode-se perguntar que fé os gregos esclarecidos da época de Sófocles tinham ainda em suas crenças arcaicas? A questão, contudo, importa pouco. As crenças específicas de uma dada cultura não podem explicar um comportamento assim universal como o dos personagens de *Édipo Rei*. De um extremo a outro do mundo e ao longo dos tempos, os homens das mais variadas crenças reagiram a desastres de todos os tipos por meio da busca dos indivíduos tidos como odiosos.

Assim, nesse sentido, invocar crenças particulares da cultura da Grécia antiga é, em si mesmo, uma pista falsa. Isso nos tranquiliza relativamente à nossa própria inocência. Afinal, os que aderem a crenças tão cruéis não se sentariam à nossa mesa e não nos infectariam com sua presença. Mas, mesmo que não acreditemos que os tebanos possam se libertar da peste através da procura de um indivíduo odioso, somos dominados pela paixão da caça.

Sem dúvida, tal paixão explica em grande parte a popularidade tanto de *Édipo Rei* como dos romances policiais modernos. Girard cita a observação de Northrop Frye, segundo a qual a "brutalidade crescente" do romance policial se aproxima "tão perto como a arte possa fazê-lo a partir da pura autossatisfação moral de uma multidão de linchadores". Se *Édipo Rei* é uma história de detetives, Girard é o metadetetive que revela os sinais da violência coletiva escondidos em certos elementos da história. Esses elementos se encaixam como as peças de um quebra-cabeça. De um lado, há o desastre que ameaça a comunidade. De outro, há o único indivíduo que deve assumir a responsabilidade de todo o desastre por ser acusado de ter cometido transgressões morais abomináveis. Entre as transgressões e o desastre não há nenhuma ligação racional de causa e efeito. Por isso, é ainda mais impressionante a junção desses dois tipos de acusações díspares.

A reunião fornece a Girard um indício essencial, uma vez que muitas vítimas sofreram essas acusações duplas ao longo da história ocidental: "Durante as grandes pestes medievais, por exemplo, os judeus foram, muitas vezes, vítimas dessas acusações, sendo estrangeiros que tinham o azar de se encontrarem naquela cidade em pânico. Um ou dois séculos depois, o mesmo tipo de acusação dupla ressurge durante a grande epidemia de caças às bruxas que surgiu no mundo ocidental".

Girard identifica um indício suplementar na vitimação de Édipo, já que o próprio nome é um epíteto que significa 'pé inchado': "Em uma comunidade em pânico, um indivíduo tem muitas possibilidades de ser escolhido como vítima se [...] se tiver alguma doença física vista como misteriosa". O modo forte como o nome de Édipo faz alusão à enfermidade não é evidente aos ouvidos dos que não são gregos. O poeta inglês Shelley definiu esse problema ao dar à sua paródia um título pouco respeitoso, que se escuta melhor na língua original: *Swellfoot the Tyrant*, "Tirano de Pé Inchado".

Para saber onde procurar o responsável por uma calamidade, o dom de clarividência de um Tirésias é praticamente desnecessário. Até uma criança poderia apontar o dedo ao recém-chegado por seu modo de andar: "Foi o Pé Inchado! A culpa é do Pé Inchado". A simples autossatisfação de quem acusa é contagiosa. Imediatamente todos repetem o refrão. "Há imundície na cabeça do Pé Inchado. Sujeira, sujeira, sujeira na cabeça do Pé Inchado!"

Ao se unirem para cobrir de injúrias um alvo comum, os membros do grupo poderão superar os conflitos inevitáveis que, em tempos de crise, os desagregam. Isso é muito mais oportuno do que um flagelo natural – epidemia ou seca – em que temos menos meios para lutar contra as verdadeiras causas da desgraça. "Graças ao recurso à violência arbitrária", observa Girard, "o povo desamparado consegue esquecer sua impotência perante as calamidades impossíveis de controlar".

Naturalmente, a multidão não julga sua violência arbitrária; pensa ter razão ao punir um indivíduo odioso e sujo de sangue. "A multidão de linchadores tem de acreditar na maldade de sua vítima", nota Girard. "Daqui resulta um processo de linchamento descrito pelos próprios linchadores que forçosamente parece uma coisa totalmente diferente do que na realidade é – como o mito de Édipo, por exemplo".

O mito não apresenta Édipo como uma vítima arbitrária; diz que ele é, de fato, um parricida e um incestuoso e que realmente é a causa da peste. No entanto, no que respeita à peste, sabemos que Édipo não era culpado. Porém, talvez hesitemos em rejeitar a acusação de parricídio e de incesto. Afinal, é teoricamente possível que o filho de um rei e de uma rainha de Tebas tenha sido abandonado após o nascimento, salvo por pastores e crescido como se fosse filho de um rei e de uma rainha de Corinto, antes de ser levado por um lamentável incidente a matar o rei de Tebas e a casar-se com sua viúva. É pouco provável, mas não é estritamente impossível. Portanto, podemos concluir que o mito acusa arbitrariamente esse estrangeiro de pé inchado de ser o propagador da peste, mas que acertadamente o declara um parricida incestuoso.

E se o mito afirmar, além disso, que o mesmo indivíduo começou por violar centenas de freiras? Em uma variante russa folclórica do mito de Édipo,[3] ele não traz a peste,

---

[3] "Andrej" [1860], in Lowell Edmunds, p. 188-192.

mas uma verdadeira epidemia de imoralidade que destrói um convento: inspirado pelo diabo, um estrangeiro abandonado logo após seu nascimento, "profana as freiras uma a uma, por vezes à força, por vezes por amor, mas sempre em segredo". Poderíamos aplicar a esse ataque as palavras já citadas de Tucídides a propósito da peste em Atenas: "Nenhum sistema, forte ou frágil, se mostra capaz de resistir ao mal". Foi apenas após ter violado as trezentas freiras do convento, incluindo a madre superiora, que o estrangeiro foi expulso por decisão unânime de seus superiores. Depois disso, ele mata seu pai, casa com sua mãe e ainda assassina três padres. Pelo menos, é isso que se conta – afinal o leitor começa a duvidar da veracidade da história. Certamente, as atrocidades evocadas poderiam realmente acontecer; contudo, não são prováveis, a tal ponto que o leitor se incline a inocentar o protagonista de todas as acusações.

A história russa mostra que é inútil querer tratar a acusação de parricídio e incesto de forma diferente de outras acusações feitas contra Édipo ou contra personagens míticos do mesmo tipo. Quando afirmamos que eles profanaram sua mãe e exércitos inteiros de freiras ou, como em outras variantes do mito de Édipo, que devoraram seus próprios filhos,[4] essas acusações não merecem ser levadas mais a sério do que a acusação segundo a qual Édipo havia provocado a peste por ter cometido um regicídio.

---

[4] Ver Edmunds, p. 202-205. Sobre a possibilidade de que Édipo tenha cometido inconscientemente tal ato de canibalismo no mito grego original, ver Moreau.

Mas por que examinar os detalhes dos contos míticos com tanta seriedade? Não serão histórias puramente fictícias do princípio ao fim?

Egresso de L'École de Chartes, René Girard foi treinado na leitura de textos medievais. Mais tarde, quando iniciou o estudo dos mitos primitivos e clássicos, ficou impressionado com sua semelhança com as histórias medievais que contavam as perseguições do ponto de vista dos perseguidores. Os autores dessas histórias, cheios da mais pura autossatisfação, acreditavam na maldade das vítimas, apesar do caráter visivelmente fantasioso das acusações que pesavam sobre elas. Conta-se, por exemplo, que em tempos de peste, uma multidão furiosa torturou, como traidores diabólicos, judeus acusados de terem envenenado as fontes de água e de terem devorado crianças cristãs. Ora, mesmo que um historiador rejeite sem dificuldades tais acusações delirantes, não conclui que a história é fictícia do início ao fim. Pelo contrário, ele vê nisso um indício que sugere que, em tempos de peste, uma multidão furiosa torturou efetivamente, como traidores diabólicos, judeus acusados de terem envenenado as fontes de água e de terem devorado crianças cristãs.

Da mesma forma, Girard vê nos mitos indícios de perseguições reais. Mesmo quando a ligação com eventos históricos específicos é irremediavelmente perdida, os tipos de acusações que encontramos nos mitos são suficientes para revelar sua origem. E, contudo, quanto mais extravagantes são essas acusações, mais parecem fantasias poéticas sem consequências. A extravagância se atenua progressivamente à medida que nos aproximamos da época moderna. A história russa já é menos fantástica do que o mito grego, uma vez que o estrangeiro diabólico não é acusado de ter provocado uma verdadeira peste, mas a profanação de trezentas freiras é suficientemente absurda para se assemelhar a uma fantasia. O que pensaríamos, então, se uma história secular do sul dos Estados Unidos contasse que um negro depravado, inspirado pelo diabo, profanou uma por uma, "por vezes à força, por vezes por amor, mas sempre em segredo", legiões de virgens brancas? Não seriamos autorizados a concluir, como fez Girard no caso da mitologia, que a "reunião de temas" observada "não seria o fruto de uma imaginação calma e puramente poética"?

Se o contexto histórico de uma narrativa mudar, também muda a forma de tratá-lo. A narração febril, do ponto de vista dos perseguidores, de uma caça às bruxas medieval ou de um linchamento moderno não será aclamada como uma contribuição pitoresca à mitologia mundial. Porém, quando a narrativa conta com o prestígio da Grécia antiga, sua leitura é feita com base em pressupostos diferentes. Em *O Bode Expiatório*, Girard propõe "uma experiência muito simples": "Vou reinventar grosseiramente a história de Édipo; vou retirar-lhe a vestimenta grega [...]. Com isso, o mito vai descer um ou dois degraus na escala social":

> As colheitas são ruins, as vacas abortam; ninguém entende mais nada. Parece que lançaram uma maldição sobre a aldeia. Foi o coxo, está claro, que deu o golpe. Ele chegou em

> um belo dia, não se sabe de onde, e se instalou como se estivesse em sua casa. Permitiu-se, mesmo, casar com a herdeira mais desejada da aldeia e lhe fazer dois filhos. Parece que aqui ele superou todos os testes! Suspeitamos que o estrangeiro fez algo de ruim ao primeiro marido de sua esposa, uma espécie de chefe local, desaparecido em circunstâncias misteriosas e substituído em ambos os papéis um pouco rápido demais pelo recém-chegado. Um belo dia, os homens da aldeia viram o suficiente; pegaram suas forquilhas e obrigaram o inquietante personagem a fugir. (p. 46)

Ao despi-lo de sua vestimenta habitual, a experiência de pensar de acordo com Girard mostra o mito sob uma nova luz.

Durante dois anos, Frederick Ahl percorreu um caminho análogo, no âmbito de uma verdadeira estrutura experimental, com seus estudantes de literatura grega. A experiência privilegiou a tragédia de Sófocles, e não o mito. Em certas aulas, Ahl ofereceu uma tradução clássica de *Édipo Rei*. Em outras aulas, porém, ele forneceu uma versão em que o nome dos personagens e dos locais tinham sido alterados. Assim, ainda que tenha sempre apresentado a peça como "a história de um homem que tinha descoberto que havia matado seu pai e contraído um casamento incestuoso", Ahl observou uma "diferença nítida" nas atitudes dos estudantes:

Aqueles que tinham a versão camuflada leram a peça de forma muito mais atenta do que os alunos que sabiam imediatamente que se tratava da peça de Sófocles. E os que não sabiam formularam muito mais questões e se mostraram muito mais céticos no tocante à interpretação convencional que lhes propus. Se tornou claro que os que já conheciam o mito de Édipo partiam de certos pressupostos sobre o que a peça deveria significar, e por isso tendiam a privilegiar esses pressupostos mesmo quando o próprio texto da peça não os confirmava. Desse modo, comecei a perceber que havia em *Édipo* uma tensão muito particular entre o mito 'recebido' e a estrutura do próprio drama. (p. x)

Estimulado pelas questões de seus alunos, Ahl se lançou a uma análise profunda do texto grego. À luz de seu exame minucioso, podemos perguntar se a leitura girardiana não pecará por um excesso de prudência.

Em *A Violência e o Sagrado*, Girard arrisca uma "ideia estranha, quase fantástica": "Se eliminarmos os testemunhos que se acumulam contra Édipo na segunda parte da tragédia, podemos imaginar que, longe de ser a verdade que cai do céu para amaldiçoar o culpado e iluminar todos os mortais, a conclusão do mito é a da vitória camuflada de uma parte sobre a outra". Contudo Ahl tem razão, deverá ser possível sustentar a interpretação de Girard sem eliminar os testemunhos que se encontram na segunda parte, uma vez que, na realidade, "não é fornecido qualquer indício que prove que Édipo matou seu pai e esposou sua mãe". Se decidirmos que ele efetivamente realizou esses atos, afirma Ahl, "nós o fazemos com base em suposições externas aos argumentos apresentados".

Tais suposições poderiam sustentar não apenas o conhecimento do mito, mas também da experiência sobre a forma como funciona uma boa intriga policial. Uma vez que o oráculo de Delfos desencadeia a perseguição ao assassino de Laio, temos o direito de pensar que vamos conhecer a identidade do culpado. Seria o verdadeiro anticlímax se o detetive prendesse um homem inocente. No fim da história, se não se tem certeza que o acusado é culpado, o leitor será privado dessa *katharsis* que envolve as tragédias antigas e os *thrillers* modernos. No entanto, Sófocles poderia ter elaborado uma intriga policial ainda mais sofisticada. Correndo o risco de perder o prazer de um desfecho com suspense, voltaremos ao texto para verificar se Édipo é realmente o homem de quem falava o oráculo.

Formulada dessa forma, a questão induz em erro, uma vez que parece indicar que o oráculo atribui a morte de Laio a um só indivíduo. Contudo, tal como enfatiza Sandor Goodhart em um artigo fundamental, que confere um impulso decisivo ao trabalho de Ahl, não é de forma alguma o caso em questão. Nas palavras de Creonte, observa Goodhart, o oráculo "evoca distintivamente uma multiplicidade de assassinos. 'No momento em que Apolo nos ordena claramente punir com mão [pesada] seus assassinos, quem quer que sejam'" (linha 107). Creonte acrescenta que o único sobrevivente da comitiva de Laio "insistiu [*ephaske*] no fato de que inúmeros bandidos [*lêistas*] o atacaram: com muitas mãos, não a força de um único homem" (122-123). A multiplicidade de agressores é mesmo a "única coisa" de que as testemunhas tinham "certeza". Posteriormente, o coro e Jocasta confirmam ter entendido a mesma coisa. Alguns comentadores sugeriram que uma testemunha fugiu devido ao medo por ter mentido sobre o número dos assaltantes. É possível, embora nada no texto corrobore essa conjectura. O próprio Édipo afirma que a aparente contradição sobre o número de assassinos é o ponto essencial a esclarecer quando ele interrogar a testemunha: "Se ela indicar sempre o mesmo número, eu não posso ser o assassino, já que apenas um não pode ser igual a muitos" (843-845). Por outro lado, como observa Goodhart, uma contradição análoga, não mencionada por Édipo, existe a propósito de um ponto igualmente crucial: o número de vítimas. Como Édipo se lembra de ter morto um homem velho, não identificado, e "todos" os membros de sua comitiva, o fato de que um dos membros ainda esteja lá para testemunhar sugere de imediato que as vítimas de Édipo não são nem Laio, nem sua comitiva. Todos, exceto um, não é igual a todos.

É fácil constatar que a conta não fecha. A menos que o interrogatório da testemunha contradissesse esses dados, Édipo não seria condenado pela morte de Laio. Porém, quando a testemunha chega, Édipo não fala sobre a morte de Laio. Ele se deixa distrair pelas questões relativas a seu próprio nascimento, levantadas por um visitante vindo de Corinto, que afirma tê-lo encontrado quando bebê, ou melhor, tê-lo recebido das mãos da testemunha do assassinato. Este, por sua vez, declara que deu o bebê de Jocasta ao coríntio, acrescentando a Édipo: "Se você é quem você diz que é, então, você nasceu para conhecer um destino terrível" (1180-1181).

Mas será Édipo aquele de quem o outro fala? Ahl afirma que não há nenhuma prova de que o seja: "Temos apenas a palavra do coríntio anônimo". Poderíamos objetar que temos também o testemunho fornecido pela má formação dos pés de Édipo. Uma vez que os pés do bebê de Jocasta foram ligados, o coríntio se fixa na doença do "pé inchado" para basear sua intenção. Porém, o argumento não é conclusivo. Se o marido de Jocasta tem o pé torto e o filho de Jocasta também, não se segue necessariamente que seu marido é seu filho. Apenas a palavra do coríntio anônimo permite chegar a tal conclusão.

A maioria dos tradutores atribui a esse desconhecido uma presunção de confiança ao qualificá-lo de "mensageiro". Na realidade, como observa Roger David Dawe,[5] "ele não é um representante oficial, mas alguém que espera receber uma recompensa por sua própria conta ao tomar a iniciativa de relatar a Édipo os dizeres locais". Ter ouvido em Corintio o boato segundo o qual Édipo irá suceder ao trono, esse indivíduo ambicioso corre para Tebas com a notícia da morte de seu pai, com o objetivo de cair nas boas graças do novo rei. No entanto, Édipo não aceita voltar à antiga pátria, uma vez que sua mãe lá vive. Quando ele explica que teme cumprir uma profecia de incesto e parricídio, o coríntio pergunta "Por que você ainda não me fez libertá-lo dessa profecia?" A pergunta dá lugar ao seguinte diálogo:

---

[5] *Sófocles: Œdipus Rex*, Cambridge, 1982; citado por Ahl, p. 161.

Édipo: E eu te recompensarei bem se ainda o puder fazer.

Corintio: E eu vim aqui, sobretudo, para isso: esperança de que tenha sucesso quando voltar.

Édipo: Eu jamais irei lá onde vivem os que me geraram (1003-1007).

Então, o coríntio diz a Édipo a única coisa a dizer se ainda quiser obter uma recompensa real, ou seja, que Édipo não foi gerado em Corinto.

Talvez o coríntio anônimo tenha dito a verdade, mas Sófocles lhe deu um bom motivo para mentir, e Édipo só é o filho de Jocasta, se o coríntio não tiver mentido. Se Sófocles tivesse querido dar uma base sólida à crença sobre o incesto de Édipo, teria recorrido a um enviado oficial e não a um falastrão com interesses pessoais. Contudo, como somos arrastados pelo movimento impetuoso de um drama, no qual as suspeitas se concentram sempre mais sobre um único indivíduo, Édipo, não paramos para questionar as motivações dos outros personagens. "A grande façanha realizada por Sófocles aqui", comenta Ahl, "é a de nos levar a fazer o que fez Édipo: negligenciar ou rejeitar tudo o que poderia demonstrar a inocência do herói (p. 207)".

Ao excluir a possibilidade de que o herói seja inocente, reproduzimos o exemplo do próprio herói: ou seja, fazemos uma *imitação de Édipo*. Quando a testemunha do assassinato, depois de ter revelado o que fez com o bebê de Jocasta, afirma que Édipo nasceu com um destino terrível *se* Édipo é quem o coríntio diz que ele é (1180-1181), Édipo não ouve a prudente advertência e conclui precipitadamente que cometeu tanto o incesto como o parricídio: "Como tudo se torna claro! [...] Um casamento proibido e assassinatos que não deveria ter cometido!" (1182, 1185). Não apenas Édipo aceita sem questionar que se casou com sua mãe, ele também assume que matou seu pai. Contudo, o que a testemunha disse sobre o bebê de Jocasta não é de qualquer ajuda para descobrir o assassino de Laio. Como há muito tempo observou um crítico, a realização da profecia de parricídio não é "estabelecida diretamente", ela é "deduzida" a partir da realização da profecia de incesto.[6]

Essa "inferência" não é de ordem lógica, mas mitológica. Logicamente, a acusação de incesto não deveria acarretar consequências para a investigação do assassinato. Mesmo que Édipo seja filho de Jocasta, tal não significa que tenha matado Laio. Todavia, um filho incestuoso é um transgressor de proporções míticas; como ele é capaz de tudo, também pode ser acusado de tudo. Não precisamos de provas para lhe imputar outros crimes, e a busca do assassino de Laio pode cessar imediatamente. As sutilezas do inquérito são esquecidas, uma vez que a profanação do incesto faz de Édipo um culpado de todas as acusações possíveis: um bode expiatório.

---

[6] William Chase Greene, p. 81. Este autor presume, contudo, que Édipo cometeu os dois crimes.

Desse modo, o que no início se assemelhava a um romance policial, no fim se revela ser mais uma história de linchamento. Se o objetivo era encontrar o assassino de Laio, a questão do incesto era uma pista falsa. No entanto, notamos de imediato, a questão do assassinato de Laio era já uma pista falsa no tocante à crise trazida pela peste. Como ninguém é responsável pelo desastre geral, a investigação tinha faltamente de conduzir à responsabilização de um bode expiatório. A enfermidade de Édipo, que o designou logo como tal, será o pretexto para o condenar. "Pé Inchado é um lixo que dorme com sua mãe; portanto, é ele forçosamente o indivíduo abominável que matou o rei e provocou a peste": esse raciocínio enganoso consegue impor-se muito mais facilmente porque é partilhado pelo próprio interessado. "Há sujeira na minha cabeça, proclama Pé Inchado. Sujeira, sujeira, sujeira, sujeira na cabeça do Pé Inchado".

Édipo "se junta ao acordo unânime que faz dele a mais abominável das criaturas: ele vomita em si mesmo e suplica à cidade de Tebas que o vomite de fato". A cooperação entre vítimas e perseguidores foi frequentemente observada, nota Girard: "Dizem que, no século XVI, as bruxas escolhem elas mesmas o algoz; pois terminaram por compreender bem o horror de seus crimes. Os heréticos também reivindicam frequentemente o castigo merecido por suas crenças abomináveis", fenômeno constatado na época moderna durante os julgamentos estalinistas. Uma perseguição é mais bem-sucedida em substituir as discórdias pelo consenso quando algum membro da comunidade não coloca em causa o mito que afirma a culpa da vítima. "Para que a unanimidade seja perfeita", escreve Girard, "é necessário que a vítima participe.

[...] O que transforma a perspectiva dos perseguidores em verdade indiscutível é a submissão final de Édipo ao veredicto imbecil da multidão".

O papel decisivo desempenhado pela multidão na queda de Édipo é demonstrado pelo discurso do coro que se segue às palavras de Édipo: "Um casamento proibido e assassinatos que não deveriam jamais ter sido cometidos!" Ao falar, Édipo ainda é rei, mas, depois da intervenção do coro, não o é mais. O que diz o coro tem uma fórmula, cujo sentido foi destacado por Michel Foucault: "Nós te chamamos nosso rei". Foucault sublinhou a forma precisa do verbo escolhido pelo coro: "o povo de Tebas, ao mesmo tempo que reconhece em Édipo aquele que foi seu rei, pelo uso do imperfeito 'chamamos' – o declara a partir daquele momento destituído da realeza". Édipo é sumariamente deposto pela ação coletiva.

"A expulsão ritual demandada por Édipo no fim da peça repercutiu a violência coletiva que constitui a verdadeira essência da criação mitológica", afirma Girard. Se imitarmos Édipo ao supor que ele, de fato, cometeu o incesto e o parricídio, nos unimos ao coro daqueles que contribuem para a perpetuação do mito. Assim, partindo de Goodhart, pode-se dizer que a "peça de Sófocles é uma crítica que, por intermédio de Édipo, nos visa", é uma "crítica da mitogênese". Naturalmente, Sófocles, não mais do que o mito, não nos diz que Édipo é inocente. Os argumentos de Goodhard e Ahl sugerem que a peça de Sófocles funciona em dois níveis, tal como, segundo Girard, as peças de Shakespeare. Sófocles construiu seu drama com tantas sutilezas que somos induzidos, como diz Ahl, a "negligenciar o mesmo tipo de detalhes que

Édipo negligencia até que, no fim, partilhamos com ele a convicção sobre sua culpa". No entanto, simultaneamente, Sófocles salpicou o percurso com indícios que mostram que a história é mais complicada do que parece.

Quando um é igual a um grande número

O indício mais importante é a fórmula "um não pode ser igual a um grande número", pela qual o artigo de Goodhart chamou a atenção de Girard. Édipo pronuncia essa fórmula, vale a pena recordar, depois de saber que Laio foi vítima, segundo a testemunha, de um grande número de assassinos: "Se ele disser sempre o mesmo número", comenta Édipo, "eu não posso ser o assassino, já que um não é igual a um grande número". Em *A Rota Antiga dos Homens Perversos*, Girard opõe essa frase a uma frase precedente que, pelo contrário, deixa entender que um homem único *pode* substituir um grande número: "Na primeira cena, o rei havia dito aos tebanos, vindos para suplicar uma cura: 'Eu sofro mais do que qualquer um, porque eu, vosso rei, devo sofrer no lugar de todos'". É dever do rei tomar para si todos os males que causam sofrimento a seu povo, mesmo ao preço de se tornar a vítima desse mesmo povo. Na qualidade de rei, ele deverá estar pronto a se sacrificar pelo bem do reino. Por isso, Édipo se presta ao papel de bode expiatório, não apenas devido à sua enfermidade, mas também em virtude da posição elevada que ocupa. "Ao aceitar a realeza", observa Girard, "todo homem se expõe ao risco de se tornar bode expiatório e é precisamente o que Édipo reconhece implicitamente em sua primeira frase".

As duas frases contraditórias ditas por Édipo expressam o dilema com o qual é confrontado. Em termos puramente racionais, ele não pode ser culpado, já que "um" e um "grande número" não são intercambiáveis. Porém, se nenhum culpado for encontrado, a crise continuará indefinidamente. Em último caso, o próprio Édipo deve assumir o papel de culpado. Deve-se, então, apagar arbitrariamente as palavras da testemunha e, abandonando a lógica racional, onde "um" e um "grande número" não são intercambiáveis, adotar a lógica do bode expiatório, em que um único homem pode sofrer no lugar de um grande número.

"Se sou eu o Único Homem que é culpado, que [a punição] não atinja a multidão! Se é a multidão que é culpada, que [a punição] seja para mim, o Único Homem!" Essas palavras, emblemáticas da lógica "cara, você ganha/coroa, eu perco", própria do bode expiatório, são atribuídas a um rei da China antiga que se ofereceu como "vítima" para colocar um fim à seca que ocorreu após a morte de seu predecessor.[7] Édipo e o soberano chinês tornam claro um aspecto intrínseco da realeza. Uma vez que toda crise que afeta um reino é da responsabilidade do rei, este atuará naturalmente como o culpado para todas as ocasiões. Assim como as monarquias africanas, descritas em Simon Simonse, Édipo é um "rei do desastre" destinado a ser sacrificado quando todo o restante falha.[8]

---

[7] Ver Françoise Lauwaert, p. 86-87.
[8] Quando um desastre ou inimigos destroem o país, o rei está lá para assumir a culpa" (*Kings of Disaster*, p. 428). Ver também Simon Simonse, "À procura dos últimos reis bodes expiatórios", p. 98-104.

"Em Homero e Hesíodo" nota Jean-Pierre Vernant "é da pessoa do rei, descendente de Zeus, que depende a fecundidade da terra, dos rebanhos, das mulheres. [...] Também a solução normal, quando se abate sobre um povo o flagelo divino, é a de sacrificar o rei". Mas há também remédios menos extremos em que se delega o papel do rei incapaz a uma vítima substituta.

> Trata-se do *pharmakós*: duplo do rei, mas, pelo avesso, semelhante aos reis do carnaval que são coroados em tempos de festa, quando a ordem e as hierarquias sociais são invertidas: os tabus sexuais são levantados, o roubo se torna lícito, os escravos tomam o lugar dos senhores [...]. Mas a festa termina, o contra-rei [*contre-roi*] é expulso ou morto, levando consigo toda a desordem que ele personifica e, simultaneamente, purificando a comunidade (p. 122-123).

Uma vez acusado de ter subvertido a hierarquia social e os tabus sexuais ao cometer parricídio e incesto, Édipo se torna a encarnação de toda a desordem, da qual é necessário purificar a comunidade[9]. Na primeira cena, em face da multidão de tebanos que reclamam da peste, ele havia prometido tomar os seus males sobre ele mesmo, na qualidade

---

[9] Uma vez que como um tirano [*tyrannos*] exerce um poder sem limites, não obtido pelas vias legais, Édipo já estava apto a encarnar a desordem. Carmine Catenacci estabelece uma associação precisa entre tirania e sexualidade desordenada (p.142-170) e explora as dimensões míticas e rituais da morte tipicamente violenta do tirano, comparável àquela de um *pharmakós* (p. 241-255).

de rei; na última cena, a peste é esquecida e Édipo, destronado, pede aos tebanos para expulsá-lo: "Os meus males a mim, não há nenhum outro mortal para carregá-los" (1414-1415). Como observa John Jones, "a ligação entre sua queda e a saúde da cidade é imediata e íntima". Será que podemos concluir, então, que Édipo é um *pharmakós*?

Seria mais exato dizer que Édipo se torna um bode expiatório – uma "figura do tipo *pharmakós* no sentido de Northrop Frye – perante a ausência de um *pharmakós* ritual em sentido estrito. É precisamente porque ele não delega o papel de bode expiatório a uma vítima substituta que Édipo acaba ele mesmo por se tornar a vítima. O seu estatuto de vitimação é resultado de um processo espontâneo e não de um processo ritual. "Édipo é um bode expiatório no sentido pleno do termo, *porque ele jamais foi designado como tal*", sublinha Girard. Édipo não é designado como *pharmakós*, e sim como parricida incestuoso que provocou a peste. A peça de Sófocles não é a dramatização de um ritual. Contudo, também não é a dramatização de um mito. Sófocles não nos mostra Édipo matar seu pai ou casar com sua mãe; ele encena o processo pelo qual, no momento de uma crise, todos passam a *acreditar* que Édipo matou seu pai e casou com sua mãe. Nesse sentido, o Édipo de Sófocles é, como disse Ahl, "uma peça sobre a gênese de um mito".

Tal forma de compreender *Édipo Rei* talvez se torne mais clara através de uma comparação com a história de outra figura edipiana, Anwar:

> Um país distante, do outro lado do mar,
> viu os anos dourados sob a mão firme

de um líder orgulhoso até o dia em que, como um raio em um céu claro, um desastre o destruiu. O país se torna vítima de uma doença contagiosa perigosa e a miséria substitui a prosperidade. O povo que sofre espera impacientemente uma solução de seu líder. Depois de ter conduzido uma investigação, ele anuncia que encontrou o culpado: é Anwar, seu próprio herdeiro. Os homens do líder prendem Anwar e o acusam de ter subvertido a hierarquia social e os tabus sexuais ao se entregar aos abusos de poder e à sodomia.

Até aqui, a história de Anwar não é diferente da de Édipo. A principal diferença reside no fato de que o líder nessa história não se responsabiliza pelos males do povo, preferindo delegar o papel de bode expiatório a uma vítima substituta. No entanto, Anwar, tal como Édipo, não é explicitamente designado como vítima expiatória; ele é designado como um sodomita subversivo. Portanto, neste ponto, a história de Anwar toma um rumo bastante inesperado:

> As multidões de defensores de Anwar se reunem de um lado ao outro do país para proclamar sua inocência. Eles acusam o líder de ter ordenado sua prisão com base em acusações falsas, que em nada se relacionam com a verdadeira crise.

Já se viu um mito terminar com uma reviravolta tão surpreendente?

A resposta é: não. Nunca se viu um mito que termine com os membros da comunidade colocando em questão as acusações fantásticas feitas contra o protagonista. Na realidade, a história de Anwar não é, de forma alguma, um mito, e sim uma história verdadeira. O país longínquo é a Malásia, cujo sucesso econômico em meados dos anos 1990 classificou o país entre os "Tigres Asiáticos". A doença contagiosa, que surgiu inesperadamente, foi o pânico financeiro de 1997, que provocou a fuga em massa dos investidores estrangeiros.[10] Em 1998, em face de uma crise sem precedentes, o chefe do governo ordenou a prisão do seu herdeiro político, Anwar Ibrahim, por "abuso de poder" e "sodomia". A maior parte dos malásios considerou as acusações pouco convincentes. Eles sabem bem que a sodomia não poderia provocar uma crise financeira. Por esse motivo, a história de Anwar jamais se tornou um mito. Por isso, Anwar não se tornou um bode expiatório, porque, corretamente, entendeu-se que ele seria um bode expiatório. Por outro lado, "Édipo é um *verdadeiro* bode expiatório, porque sempre foi reconhecido como tal".

Édipo é um verdadeiro bode expiatório porque se acredita que ele é culpado do que o acusam. Isso significa que é inocente?

A resposta parece óbvia. Depois de ler o que precede, poderíamos facilmente supor que Girard é um defensor incansável da inocência de Édipo, e a maior parte de sua obra mais recente conduziria de fato a essa conclusão. Contudo, sua posição é um pouco mais complexa.

---

[10] Um pânico financeiro se propaga através do contagio mimético, uma vez que cada investidor imita o comportamento dos outros (ver André Orléan).

É necessário, porém, em um primeiro momento, analisar o alcance do próprio ato de acusar antes de tratar a questão da culpabilidade ou da inocência do acusado. Para François Tricaud, o ato de acusar desperta sempre o fenômeno do bode expiatório, uma vez que dá a impressão de que a culpa se concentra em uma direção:

> Ele desculpabiliza magicamente o acusador ao estabelecer entre o acusado e ele uma espécie de vetor fortemente polarizado onde toda a pureza moral se encontra em uma das extremidades e, na outra, toda a impureza. Assim, quando um doente não é desqualificado, por seu estado, para reconhecer a doença em outros, é como se, no modo da acusação, o único revelador possível da acusação fosse a inocência ultrajada. É o artifício do bode expiatório... (p. 27)

Podemos levar o raciocínio ainda mais longe: o que acontecerá se a acusação for refutada? Em vez de desaparecer, o "vetor fortemente polarizado" mudará de polaridades. Toda a impureza mudará para a outra extremidade: o acusado incorporará doravante a inocência ultrajada e, por sua vez, o acusador se verá acusado de ter feito uma falsa acusação.

Na Grécia antiga, depois de um ordálio – que era dependente do veredicto dos deuses – uma tal inversão do vetor da culpa era claramente observável. Se o acusado sobrevivesse a uma prova física que colocava sua vida em perigo, sua inocência era estabelecida. Porém, não é necessário imaginar que o assunto aí termina. Segundo Marie Delcourt, "aqueles que estudaram o ordálio, negligenciaram um aspecto. Eles se interessaram exclusivamente pelo destino do acusado, jamais pelo destino do acusador". Porém, como evidenciado por várias lendas gregas, "não se apela à justiça dos deuses sem se colocar a si mesmo em perigo": "O julgamento termina sempre com uma absolvição e uma condenação. Se o acusado é declarado inocente, seu adversário, ainda que estivesse de boa-fé, deve pagar por seu erro".

Delcourt vislumbra uma inversão desse tipo no mito do Dilúvio. A história bíblica de Noé racionaliza a arca ao apresentá-la como um barco, porém, originalmente, a "arca" é um cofre. A palavra hebraica para o navio de Noé, *têbâ*, aparece só uma outra vez no texto bíblico, a fim de designar o objeto usado pela mãe de Moisés para colocar seu filho sobre a água. Flutuar sobre a água dentro de um cofre é sofrer uma forma de ordálio. O mito do Dilúvio "termina", destaca Delcourt, "com a salvação de quem foi submetido à provação e com a morte de todos os outros homens".

Delcourt encontra o mesmo tipo de inversão no mito de Édipo, em que o pai ordena que a criança seja abandonada na montanha ou, segundo uma variante, atirada ao mar. Se Édipo tivesse nascido com o pé inchado, então teríamos razão suficiente para o condenar. O espírito antigo via nesse tipo de deformidade "a prova da ira divina". Contudo, ao submeter a criança às forças da natureza, mais do que matá-la diretamente, se abandona seu destino ao "julgamento de Deus". Ora, um "julgamento de Deus termina sempre com uma condenação".

Se o acusado sobrevive, "é o acusador que morrerá". E as lendas fazem do próprio acusado o instrumento da justiça divina nesse caso. Dessa forma, "Édipo, abandonado pelo seu pai, conhecerá sua vingança".

"A tragédia aparece como uma investigação sobre a 'morte de Laio'. Contudo, o verdadeiro tema", escreve Girard "é a impureza universal que, graças à expulsão do emissário, resulta no assassinato único". Acusar Édipo desculpabiliza magicamente todos os outros membros da comunidade atingidos pela peste. Se Édipo for culpado do que o acusam, então, todos os outros são vítimas de um ato de violência que apenas ele cometeu. Porém, se Girard estiver certo, e Édipo for um bode expiatório, então ele se torna a vítima de um ato de violência cometido por todos os demais membros da comunidade. Eles são culpados, portanto, de ter acusado Édipo injustamente. Ao reabilitar Édipo, as polaridades do vetor da culpa se invertem, precisamente como no mito do Dilúvio. Toda a impureza que a sua expulsão tinha drenado volta, como uma onda gigantesca, e submerge o restante da comunidade. A vítima se torna a incorporação solitária da inocência ultrajada, o único sobrevivente de um julgamento de Deus.

Os pecados do emissário

Se Édipo não tivesse nenhum pecado pessoal, seu estatuto moral seria tão feliz como o do bode expiatório descrito por Sylvia Townsend Warner. Sozinho no deserto, ele dança de alegria:

> *See the scapegoat, happy beast,*
> *From every personal sin released,*
> *And in the desert hidden apart,*
> *Dancing with a careless heart.*

> [Olha o bode expiatório, animal feliz,
> Livre de todos os seus pecados,
> E escondido no deserto,
> Dançando com o coração leve.]

O protagonista do poema tem o coração leve porque os "pecados dos outros pesam pouco".

E Édipo? Será que ele pode se felicitar de ser o único membro da comunidade que não é impuro? Em seus primeiros textos sobre a peça de Sófocles, Girard se empenhou para evitar tal erro. Ainda que Édipo não seja culpado *do que o acusam*, isso não significa que seja inocente: "Édipo é culpado, mesmo que não tenha matado seu pai e casado com sua mãe. A violência de que é vítima não é diferente da que ele premedita contra seu irmão. Sua responsabilidade pelo sofrimento de todos é real: é precisamente a responsabilidade de qualquer um".

O conflito dos duplos, a luta dos irmãos inimigos, simbolizada pela disputa entre Édipo e Tirésias, é o ponto de partida da análise anterior. Uma vez que se chegue até esse ponto, o círculo se completa. Tirésias acusou Édipo de ser responsável pela morte de Laio, depois de Édipo ter acusado Tirésias de ser o responsável. Os dois quiseram atribuir a culpa ao outro. Se Tirésias é igual a Édipo, então Édipo é igual a Tirésias. De fato, foi o próprio Édipo que iniciou a busca ao culpado pela crise.

"Se o emissário é primeiro um caçador", comenta Girard "é precisamente por ser idêntico a todos. A investigação, que termina mal para Édipo, não é sua apenas, é de todos os tebanos."

Todos os tebanos querem descobrir quem provocou a peste, e cada um está convencido de que o responsável é o outro. Édipo não é uma exceção. Girard o compara ao doutor Rieux, herói de Camus em *A Peste*: "Ele é apresentado como um homem de boa-fé, afetado por um desastre que, basicamente, não lhe toca. [...] Definitivamente, ele não está doente com a peste". Pelo menos, é o que pensa. Contudo, um doente não está desqualificado, devido ao seu estado, para reconhecer a doença nos demais; o fato de detectar os sintomas mórbidos em torno de si não significa que se está imune. Para Girard, a doença não faz que se associa à violência e à indiferenciação crescentes que acompanham a caça ao culpado. Uma vez convencido do incesto e do parricídio, Édipo se torna a encarnação única da violência e da indiferenciação; uma diferença mitológica é estabelecida.

Se virmos Édipo como um bode expiatório, concluímos que foi arbitrariamente identificado como o único culpado. Mas, se virmos o bode expiatório como *inocente*, o identificamos como o único *não* culpado, estabelecendo, assim, uma nova diferença mitológica. Tal como na "figura do tipo *pharmakós*" descrita por Northrop Frye, o bode expiatório "não é nem inocente nem culpado. Ele é inocente no sentido em que o que está acontecendo vai muito além do que ele pôde provocar com seus próprios atos, como o alpinista que com um grito desencadeia uma avalanche. Ele é culpado no sentido em que pertence a uma sociedade culpada [...] ou que vive em um mundo em que tais injustiças são um componente inevitável da existência".[11]

Quando Édipo pronuncia sua maldição contra o assassino de Laio, ele não sabia que estava desencadeando uma avalanche que acabará por cair sobre ele. Até isso acontecer, ele se mostra pronto a dirigir a maldição contra Tirésias e Creonte, os rivais que disputam, respectivamente, os papéis de sábio ou de rei, acusando-os arbitrariamente de ter planejado o assassinato de Laio. Porém, no momento crítico, como sublinha Girard, ele se retira e renuncia à violência: "Ao coro que lhe suplica para salvar Creonte, Édipo responde: 'Eis o que você pede! Neste caso, você quer a minha morte, ou o meu exílio.' [...] Não expulsar ou matar o irmão inimigo equivale a condenar-se à expulsão ou à morte: 'Que assim seja! Mesmo que eu morra ou seja expulso pela força e desonrosamente de Tebas'". Eis o momento profético da tragédia. Édipo rompe aqui o círculo de violência que marca o mito. No mito, a profecia segundo a qual Édipo matará Laio, incita Laio a condenar Édipo: quando Édipo se vinga involuntariamente de Laio, o círculo de violência se fecha. Na peça, Édipo renuncia intencionalmente a vingar-se daquele que o condenou, apesar da profecia, segundo a qual essa renúncia levará a seu infortúnio.

Depois de ter alimentado as rivalidades que dominam Tebas, Édipo se sacrifica e renuncia à violência. Ele havia amaldiçoado o assassinato de Laio por considerá-lo

---

[11] Citado por René Girard em "Doubles and the *Pharmakos*".

responsável pela peste; no fim, ele mesmo se coloca como responsável. A abordagem de Girard torna possível duas interpretações diferentes dessa conclusão. Se compreendermos a peste apenas como uma epidemia microbiana, então – tenha ele cometido ou não o parricídio e o incesto – Édipo não é a causa do sofrimento dos tebanos; dessa forma, devemos vê-lo apenas como um simples bode expiatório consensual. No entanto, se entendermos a peste como uma metáfora da violência indiferenciadora – sempre mais manifesta à medida que a caça ao culpado progride e a epidemia microbial é perdida de vista –, então Édipo não está errado ao assumir sua própria parte de responsabilidade no mal que afeta Tebas.

Édipo, simples vítima inocente, é, sem dúvida, a concepção que melhor conhecem os leitores de Girard. Ela vem a dominar seus trabalhos após o desenvolvimento da hipótese sobre a origem vitimária dos mitos e dos ritos. Porém, seus primeiros textos sobre Édipo, publicados antes de *A Violência e o Sagrado*, expressam o ponto de vista mais matizado exposto a seguir: esses textos dos anos 1960, escritos na esteira de *Mentira Romântica e Verdade Romanesca*, apresentam Édipo não como um homem inocente, mas como um herói romanesco que encontra coragem para confrontar, sem hesitar, a verdade sobre ele mesmo.[12] Tal verdade não se relaciona com um impulso incestuoso ou um parricídio, mas com uma tendência a fazer do outro um bode expiatório.

---

[12] O primeiro desses textos, publicado em 1965, se intitula significativamente: "Da Experiência Romanesca ao Mito Edipiano". Os três textos desse período se encontram reunidos em *Œdipus Unbound*. [Livro que será publicado na Biblioteca René Girard]. (N. T.)

Na primeira parte da peça de Sófocles, Édipo persegue o culpado, dando origem a uma maldição – a peste – que ele acredita que em nada se relaciona com seus próprios atos. No fundo, ele procura fazer de seus rivais os bodes expiatórios, ao acusá-los de procurar fazer dele um bode expiatório. Quando, finalmente, Édipo aceita sua cota de responsabilidade nos males que se abateram sobre Tebas, ele assume a culpa que dirigiu primeiro aos adversários. Ao fazê-lo, Édipo escapa da rivalidade mimética.

Desejos contagiosos

"A flecha da sabedoria se volta contra o sábio": tal moralidade, Nietzsche extraiu de *Édipo Rei*. Podemos definir a posição de Girard através de uma ligeira torção à máxima de Nietzsche: o sábio é aquele que aponta a flecha da sabedoria contra si mesmo. Eis, em uma palavra, a moralidade que Girard, em seu primeiro livro, apreendeu em alguns grandes romances. A "mentira romântica" é, antes de tudo, uma mentira para si mesmo: a crença reconfortante na superioridade inata do Eu em face da multidão desprezível de Outros, incapazes de reconhecer meu valor. Os maiores romancistas conseguem penetrar "a ilusão do desejo espontâneo e de uma subjetividade quase divina no âmbito de sua autonomia". Essa ilusão egoísta cede lugar à "verdade romanesca", quando o romancista consegue, por fim, se identificar com os Outros tão desprezados: "O gênio romanesco está presente quando a verdade dos *Outros* se torna a verdade do herói, ou seja, a verdade do próprio romancista. Depois de ter jogado a maldição sobre os *Outros*, Édipo-romancista percebe que o culpado é ele mesmo".

Aquele que o diz é quem é. "Todo o conhecimento indignado do *Outro* é um conhecimento circular que se volta contra o sujeito involuntariamente", escreve Girard. "São sempre os mais doentes que atormentam a doença dos *Outros*". Eis a tese que Girard desenvolveu do refletir sobre Édipo e a peste. Mas o sofrimento que se estuda em seu primeiro livro é o "mal ontológico": o sofrimento crônico de um herói romanesco com um sentimento íntimo de um déficit do ser. Ao fornecer um estudo de um caso clínico em seu *Em Busca do Tempo Perdido*, Proust, apresenta um narrador que acredita que tudo aquilo que não é dele mesmo, "parecia mais precioso, mais importante, dotado de uma existência mais real".[13]

É o outro que é. Se o outro existe de forma mais tangível do que eu, se ele tem aquele *ser* que me falta tão cruelmente, o melhor que posso fazer é imitá-lo. A imitação é a mais sincera de todas as homenagens, e é também a mais comum. Desde a infância, como se sabe, os seres humanos aprendem a se comportar no mundo pela imitação de modelos. O que acontece frequentemente de forma menos óbvia é o papel que desempenham os modelos na aprendizagem dos *desejos*. Para o pensamento romântico, o desejo é diretamente suscitado pela presença de um objeto atraente em si mesmo. De acordo com a análise de Girard, é a presença de um modelo que orienta o desejo, ao apontar um objeto determinado como digno de

---

[13] Citado em *Mentira Romântica e Verdade Romanesca*, p. 79.

ser possuído. Tal reconhecimento em relação ao modelo caracteriza a descrição do desejo em Proust: "O desejo proustiano é sempre um desejo emprestado". Se o desejo subjacente é um desejo metafísico, um desejo de *ser*, nenhum objeto pode verdadeiramente satisfazê-lo; o objeto é cobiçado apenas como símbolo da "existência mais real" que parece exibir o modelo mediador do desejo: "O impulso em relação ao objeto é no fundo um impulso em direção ao mediador".

Quando uma distância intransponível separa o mediador do imitador, não há motivo para que a relação entre os dois se complique. Ao estabelecer fortes distinções entre classes sociais ou diferentes gerações, as sociedades tradicionais favorecem o que Girard chama *mediação externa*, em que o mediador e o imitador evoluem dentro de esferas separadas, de forma que não possam entrar em rota de colisão. Contudo, se a mediação é *interna*, se o mediador evolui na mesma "esfera de possibilidades" que o imitador, a relação se torna muito mais simétrica, e a distinção entre o mediador e o imitador pode entrar em colapso. O impulso em relação ao objeto "é quebrado pelo próprio mediador, uma vez que este mediador deseja, ou talvez possua, o objeto". O imitador, sempre fascinado pelo mediador, "vê forçosamente no obstáculo mecânico que este último lhe opõe a prova de uma vontade perversa contra si". Em vez de se declarar discípulo fiel, "ele só pensa em repudiar o vínculo da mediação". Portanto, ele inverte "a ordem lógica e cronológica dos desejos com o objetivo de dissimular sua imitação", ao se convencer de que seu próprio desejo é espontâneo e ao fazer passar o mediador por um intruso incômodo.

"É na mediação interna", afirma Girard, "que está a verdade profunda do *moderno*." A erosão das barreiras sociais tradicionais abre caminho ao surgimento da mediação interna e, assim, à dissolução das diferenças entre mediador e imitador, que acabam por se tornar rivais simétricos. Dessa forma, antes de interpretar a peste de Tebas como uma crise de indeferenciação, Girard relacionou o sofrimento metafísico dos heróis romanescos ao longo processo de indiferenciação que vê a modernidade emergir do declínio da ordem tradicional.

À medida que reduz a distância entre o herói romanesco e seu mediador, o mal ontológico se agrava, e o desejo metafísico se torna cada vez mais contagioso. A possibilidade de transmitir o desejo é o que define a mediação interna: "Há mediação interna quando se 'pega' um desejo vizinho como se pega peste ou cólera, através de simples contato com o sujeito infectado". Uma vez que o contato permite a transmissão da infecção nos dois sentidos, o mediador será "tentado a copiar a cópia de seu próprio desejo", intensificando-o, assim, de forma desmesurada. Desse modo, o mediador e o imitador se tornam os duplos intercambiáveis: "Cada um imita o outro, afirmando a prioridade e a anterioridade de seu próprio desejo. Cada um vê no outro um perseguidor terrivelmente cruel".

Longe de revelar esse mecanismo, o escritor romântico o reflete; ele retrata um herói extraordinário em face da multidão de Outros que o perseguem. O herói romanesco ultrapassa a mentira romântica quando "se reconhece no rival abominado", "renunciando às 'diferenças' que sugere o ódio". Tal como Édipo, ele vê através da verdade escondida de sua própria culpa, mas isso não significa que a culpa se concentre em uma só e mesma direção. A verdade que ele descobre encerrada em si mesmo é idêntica à verdade de todos os outros; é a verdade da *identidade* entre ele mesmo e todos os outros:

> Numa certa profundidade, o segredo do *Outro* não difere de nosso próprio segredo. Tudo é dado ao romancista quando ele chega a esse *Eu* mais verdadeiro do que aquele que cada um vive exibindo. É esse *Eu* que vive de imitação, ajoelhado diante do Mediador. Esse *Eu* profundo é um *Eu* universal, pois todo mundo vive de imitação, todo mundo vive ajoelhado diante do mediador (*Mentira Romântica e Verdade Romanesca*, p. 332).

Todos vivemos da imitação, todos somos exatamente iguais. Em comparação com o segredo do parricídio e do incesto, revelado pelo Édipo de Freud, esse outro segredo talvez pareça menos impactante.

Há algo de sedutor na noção de Freud, segundo a qual o destino do rei "nos move, já que poderia ser o nosso, uma vez que, quando nascemos, o oráculo pronunciou contra nós a mesma maldição".[14] Freud nos permite desempenhar o papel romântico do herói maldito em nosso próprio drama privado. Girard, pelo contrário, nos representa com uma atitude decididamente pouco heroica, ajoelhados perante o modelo, cujos desejos imitamos.

---

[14] *A Interpretação dos Sonhos*, p. 229.

Seria difícil imaginar um destino mais humilhante. Se os impulsos incestuosos e parricidas são, sem dúvida, vergonhosos, eles têm, contudo, a vantagem de parecer espontâneos, poderosos, extremos. Em um mundo que aprecia a originalidade e a autenticidade, a coisa mais vergonhosa para o Eu é talvez admitir que ele "vive de imitação, ajoelhado diante do Mediador".

Édipo Furioso

Se o Édipo de Freud é um *Édipo desejante*, o Édipo de Girard é um *Édipo mimético*. Para Girard, o modelo vem em primeiro lugar; o mediador do desejo precede o objeto. De fato, para um menino, o primeiro – e o mais importante – modelo será muito provavelmente seu pai; para uma menina, sua mãe. Ansioso para imitar seu pai, o menino quererá, muito naturalmente, casar-se com a mesma mulher que casou com seu pai, tal como a menina quererá casar-se com o homem que casou com sua mãe. Mas mesmo que um desejo nasça da mais pura fidelidade ao modelo, este último é forçosamente um obstáculo à posse do objeto. Em resumo, o Édipo mimético de Girard talvez se encontre preso no mesmo triângulo que o Édipo desejante de Freud.

Girard não nega a existência do triângulo edipiano descoberto por Freud, mas o compreende de outra forma: "A diferença essencial entre o princípio da mediação e a psicanálise é que, segundo Freud, o desejo pela mãe é intrínseco", ao passo que, na realidade, o desejo edipiano "tem o próprio pai, ou melhor, o modelo, como instigador". Porém, o modelo paternal não pode tornar-se obstáculo e rival "a não ser com a diminuição do poder paternal que o aproxima do filho sob todos os aspectos e o faz viver no mesmo universo que este" – dito de outro modo, com a chegada da mediação interna no âmbito da relação pai-filho. Por conseguinte, Girard coloca Freud no mesmo contexto histórico dos romancistas que havia analisado anteriormente. Outra, Girard contextualiza "Édipo" nas transformações sociais que caracterizam a modernidade: "A era dourada do 'complexo de Édipo' encontra-se em um mundo em que a posição de pai está enfraquecida, mas não totalmente perdida, na família ocidental nos últimos séculos".

Portanto, embora reconheça, a existência do triângulo edipiano, Girard não lhe confere um estatuto privilegiado, como Freud, mas faz esse triângulo particular derivar do funcionamento de um mecanismo universal, capaz de produzir outros triângulos. De acordo com Girard, o problema do triângulo edipiano é que ele "não é funcional. Não se entende por que ele deveria provocar sempre triângulos de substituição". O Édipo de Freud está perpetuamente acorrentado a um objeto primordial, a mãe, e a um rival primordial, o pai: as relações sucessivas não fazem mais do que reproduzir, para o bem ou para o mal, o triângulo original. Girard liberta Édipo dessas correntes, libertando-o de todo objeto particular, e dotando-o de um desejo primordial que, sendo abstrato ou metafísico, é completamente aberto. E, por ser aberto, é capaz de remodelar-se como um Proteu, adaptando-se ao mediador do momento: "Não há senão um desejo metafísico, mas os desejos particulares que concretizam o desejo primordial podem variar infinitamente".

A variedade dos desejos possíveis é tão grande como a variedade dos mediadores possíveis. Mesmo no caso do desejo pela mãe, o mediador poderia bem ser, não o pai, mas a própria mãe. A identidade do objeto e do mediador é um enredo que Girard imagina ao analisar a *coqueteria*: "A indiferença da coquete em relação ao sofrimento do seu amante" apenas acende o seu desejo, uma vez que, longe de ser "pura ausência de desejo", a indiferença é antes "a face exterior de um desejo de si mesmo. E é esse desejo presumido que é imitado". O desejo da indiferença, da coquete por si mesma, torna-se simultaneamente modelo e obstáculo ao desejo do pretendente. Tal mecanismo é observado em *Combray* quando o pequeno Marcel, mandado cedo para a cama para que seus pais pudessem jantar tranquilamente com Swann, suspira desesperadamente depois do beijo que ele espera de sua mãe no momento de deitar-se e do qual ele se vê acidentalmente privado: "Quando a mãe recusa um beijo a seu filho, ela desempenha já o duplo papel, próprio da mediação interna, de instigadora do desejo e de sentinela implacável".

Aqui, o desejo do filho pela mãe, em vez de surgir espontaneamente, é atiçado pela dor que ele sente por ser excluído de uma noite encantadora reservada aos adultos. Ao recusar-se a ele, a mãe de Marcel inflama sua paixão por ela, da mesma forma que a coquete inflama a paixão do amante ao rejeitar os avanços deste. Mãe e filho formam um triângulo insólito em que ela ocupa simultaneamente as posições de objeto e de rival. É possível acrescentar que o pai não se posiciona como rival do filho; quando ele vê que Marcel espera nas escadas o momento de sua mãe subir no fim da noite, ele incita sua mulher a conceder ao filho muito mais do que um rápido beijo: "Uma vez que há duas camas em seu quarto", diz então à Françoise para te preparar a cama grande e dorme esta noite com ele". Esse convite para dormir no quarto de seu filho fará sorrir o leitor imbuído de ideias freudianas. Contudo, a encenação edipiana é enganosa uma vez que precisamente nesse caso o pai não se constitui com um obstáculo.

No entanto, como levanta Viviane Forrester, na ocasião dessa noite passada perto do filho, a mãe lerá, para Marcel, *François le Champi* [*François, o Camponês*], "romance que termina com o casamento de uma mãe adotiva e de seu filho". Seria difícil imaginar uma leitura mais sugestiva do ponto de visa psicanalítico. Porém, do ponto de vista que nos interessa, a verdadeira questão é saber se o protagonista da história sempre acarinhou o desejo de casar com sua mãe adotiva, possuí-la sexualmente, ou se tal desejo não surge, contrariamente, pela influência de um mediador. Olhando mais de perto o romance de George Sand, veremos se realmente ele se ajusta ao esquema freudiano.

Um amor de camponês (Champi)[15]

A trama do romance é modelada, pelo menos em parte, de acordo com a tragédia de Sófocles. Tal como o pequeno Édipo, o pequeno François é uma criança

---

[15] "Champi" é a criança concebida ou encontrada no campo, um bastardo. Tratava-se de um emprego regional e de uso pouco frequente. A palavra tornou-se popular após o romance de George Sand, publicado em 1847. Traduziremos a palavra como "camponês", mas ressalvamos o sentido regional. (N. T.)

abandonada. Ele será elevado, não por uma rainha, mas por uma jovem moleira de coração de ouro que tem o nome proustiano de Madalena. A amante do moleiro, magoada por ter sido rejeitada pelo belo François, desempenha o papel de oráculo da desgraça ao acusá-lo injustamente de ter intenções culposas em relação a Madalena. Expulso por seu marido ciumento, o jovem vai trabalhar longe dela até o dia em que o moleiro morre, deixando a mulher doente e os negócios em mau estado. François volta, então, para sua amada Madalena, curando-a e salvando-a da ruína. Mas, em breve, as fofocas injustas sobre o casal circularão novamente...

De fato, um dia, a velha amante do falecido moleiro, debaixo de uma macieira, fala com a irmã mais nova do falecido, que mora com Madalena, mas, visita com frequência e, em segredo, a velha rival. A essa confidente pouco recomendável a jovem abre seu coração: "De todos os seus pretendentes nenhum a agradou, devido a um moleiro (François) que não era de forma nenhuma galante com ela, e que a impedia de dormir". A indiferença do rapaz só intensificou sua paixão. Aqui o papel de objeto e mediador coincidem. Ao afastar a jovem, François se transforma em um obstáculo fascinante. A única astúcia que a dama encontra para torná-lo indesejável aos olhos da jovem é repetir as calúnias que haviam levado o moleiro a distanciar François de Madalena. No início, a menina protesta: "Minha bela irmã tem já certa idade..." Não, responde a outra, "sua bela irmã não está numa idade de se dispensar; ela tem trinta anos, e esse camponês não é mais do que um moleque, que seu irmão encontrou em grande intimidade com sua mulher". E isso é "dito com todas as cores", até que a menina aceita esquecer François –

e casar com um homem rico que havia subornado a senhora para ajudá-lo. O efeito da mediação em favor do outro homem é imediato: "Que ele venha esta noite à casa para me pedir em casamento", diz a menina, quebrando sua vara de pastora contra a velha macieira.

Porém, a conversa entre as duas mulheres tem um efeito suplementar não previsto, já que "pela vontade do Bom Deus, François, que também se encontrava por lá, ouviu as palavras delas". Ele ficou chocado ao saber o motivo pelo qual o moleiro o havia expulsado, o qual, dada sua ingenuidade, nunca poderia imaginar. Depois de passado o choque inicial, ele começou a raciocinar. Rapidamente, chegou à conclusão de que, para proteger Madalena era preciso casar com ela: "Como eu ainda não tinha pensado nisso e era preciso uma língua de serpente para me avisar?". Dessa forma, foi apenas porque *ouviu dizer* que desejava casar com Madeleine que, de fato, ele tomou a decisão: "Ao querer fazer o mal", refletiu, essa mulher com língua de serpente, "fez o serviço de me ensinar o meu dever". Assim, ele voltou à casa, decidido a cumprir sua missão com sua mãe adotiva. Contudo, ao vê-la na soleira da porta, "pela primeira vez em sua vida, sua figura teve o efeito de torná-lo tímido e fraco. [...] E quando ela se virou em sua direção, ele se virou para outro lado, não sabendo o que tinha, e a razão pela qual algo que parecia tão honesto e adequado tinha se tornado tão pesado de confessar".

Não é por acaso que George Sand situa sob uma macieira a cena decisiva com a mulher "com língua de serpente". Tal como Adão e Eva depois de terem comido a maçã, François sente vergonha pela primeira vez; ele perde a inocência ao ouvir as palavras da outra. No Gênesis, a serpente encarna o primeiro mediador do desejo. A maçã já está lá, vermelha e redonda, mas antes da intervenção da serpente, Adão e Eva nunca tinham sido aconselhados a olhá-la; ainda não tinham pensado que era boa o suficiente para comer. Ela se torna objeto do seu desejo, quando *ouvem dizer* que a maçã é desejável. Foi o mesmo para François com Madeleine: "Eis que pela primeira vez em sua vida e ele decidiu olhá-la com a ideia de saber se ela era velha ou feia. [...] E é então que, de repente, François a viu jovem e bela como a boa senhora, e seu coração saltou como se ele tivesse subido no topo de uma torre". François sempre a conheceu, sempre a amou, mas nunca tinha pensado que ela era boa o suficiente para comer. Para que ela se tornasse o objeto do seu *desejo*, foi preciso a intervenção de um mediador.

Esse mediador não é apenas a mulher fofoqueira, é também "François o camponês". Não é o nosso François, mas *o outro*, o François imaginário que evoca a língua de serpente, esse camponês perverso que, "ainda um moleque", teria mostrado demasiada intimidade com a mulher do moleiro. Tudo se passa como se o nosso François decidisse *imitar* o outro François, como se o François imaginário que cobiçava Madalena se tornasse para ele um *modelo*. Ao imitar o simulacro de si mesmo, ele acaba por torná-la real. Trata-se de um fenômeno psicológico muito atual. Temos frequentemente tendência a imitar, para o bem ou para o mal, a imagem que os outros têm de nós.

Desse modo, o indivíduo que nasce em uma categoria social desprezada será tentado a se conformar à imagem negativa que os outros fazem dele. Tal tendência psicológica confere ao preconceito negativo o poder de uma profecia que se cumpre. Na área rural francesa, no século XIX, uma das categorias mais desprezadas era justamente a dos camponeses. George Sand escreveu seu romance para combater esse preconceito. "Eu elevei vários camponeses dos dois sexos, representados como bons física e moralmente, disse ela numa nota da edição de 1852. De igual modo, essas pobres crianças são geralmente destinadas, pela ausência de educação nos campos, a virarem bandidos." Em uma época em que, mais ou menos, superamos o preconceito contra os órfãos,[16] é difícil avaliar o eco subversivo do título que George Sand deu ao romance.

Um camponês é um bandido, a escória da sociedade. *Eu jogaria isso fora*: eis as palavras usadas pelo moleiro ao falar de François para sua mulher. A amante do moleiro não teve qualquer problema em arrastar o nome de François na lama. Não há senão sujeira na cabeça de um camponês – e na cabeça da mulher que ousa defendê-lo? Acusada por seu marido de estar "apaixonada por essa mercadoria de hospital", Madalena o repreende por seu comportamento ao invocar "a razão bem verdadeira, que quando se está insatisfeito com a própria posição, queremos denegrir a posição dos outros". Assim, usa-se a pessoa acusada como válvula de escape das próprias frustrações... Dito de outra forma, como bode expiatório.

Se *Édipo Rei* é a história de um bode expiatório bem-sucedido, *François, o Camponês* é a história de um bode

---

[16] *L'Orpheline*, filme de terror, dirigido por Jaume Collet-Serra, que estreou em 2009, provocou um debate sobre os preconceitos que subsistem em relação às crianças adotadas.

expiatório que não se cumpre. Na peça de Sófocles, a criança é abandonada à nascença, porque uma maldição a predestinou a um futuro criminoso. Acreditar na acusação mítica de parricídio e de incesto de que ela será vítima, confere razão ao preconceito que a estigmatizou com antecedência como culpada. George Sand delineia uma crítica da mitogênese. Ela mostra como uma criança que parece ser amaldiçoada à nascença pode "se tornar boa moralmente", se a pessoa que a criar lhe der a educação necessária e, sobretudo, amor. Madalena "tinha sido para ele nem mais nem menos do que uma boa mãe, e um camponês que encontra a amizade é melhor que outra criança, assim como ele se torna mau se for molestado e desprezado". Graças ao amor maternal, o círculo vicioso do preconceito negativo dá lugar ao círculo virtuoso de um preconceito favorável.

"Quando se foi, sem dúvida, o filho preferido de sua mãe, se guarda pela vida fora esse sentimento vitorioso, essa certeza de êxito que, na realidade, raramente permanece sem cumprir-se"[17]: a frase de Sigmund Freud traz à tona a circularidade do mecanismo em questão. Mas se uma mãe não desempenha o papel da coquete com seu filho, o amor maternal não pode ser conquistado. O "sentimento de conquista" advém do fato de a criança *imitar* a confiança que sua mãe lhe dá; é a mímesis que confere ao preconceito positivo o poder de uma profecia que se cumpre. Contudo, não vimos que, no fim do romance de George Sand, o filho se lança, literalmente, à conquista da mãe?

[17] "Un souvenir de Goethe", citado por Ernest Jones, t. 1, p. 6.

De fato, ele interpreta erroneamente o comportamento de Madalena como sedução. Doravante, ela era "tão bela e tão amável em seu pensamento, tão acima dele e tão desejável que, quando ela disse que estava fora da idade e sem beleza, ele pensou que ela disse isso para impedi--lo de propor o casamento". Quanto a Madalena, é apenas quando François diz que ela o atrai que, "sentindo como se sua vontade não mais resistisse, compreendeu melhor pelas palavras ditas que ele não era mais seu filho, o camponês, mas sim seu amante François". Nessa cena culminante, cada um se torna o mediador do desejo do outro: trata-se da figura que Girard designa como mediação dupla. E ela conduz a um acordo perfeito, que vai além das palavras: agora, não é mais uma questão do que se *ouviu dizer*.

Ao mostrar o abraço entre François e Madalena, e ao empregar toda sua arte para convencer o leitor de que a união deles nada tem de recriminável, George Sand radicaliza a crítica da mitogênese. Ainda que se o desfecho do romance lembre a história de Édipo, George Sand inverteu-lhe o sentido. Em vez de se enforcar como Jocasta quando esta descobre que seu marido é seu filho, Madalena chora de alegria quando descobre em seu suposto filho o homem com quem vai casar. Desse modo, pode-se dizer que *François, o Camponês* é o anti-*Édipo*. Aqui não há nem parricídio, nem incesto: Madalena não é a verdadeira mãe de François, e ela não tem sequer idade para isso. A carga destrutiva da acusação mítica é cuidadosamente neutralizada. E, contudo, permanece, apesar de tudo, algo de incômodo na história de uma mãe adotiva que se casa com o rapaz que criou.

Essa tensão que subsiste no cerne do romance é expressa através da ideia de que apenas "a vontade do Bom Deus" permite a François ouvir as palavras ditas sob da árvore pela língua de serpente, como se Deus tivesse necessidade do diabo para alcançar os próprios fins. François casa com sua mãe adotiva, porque Deus o quer, mas foi necessário uma língua de serpente para avisá-lo. Em outras palavras, nenhuma ação, boa ou má, nasce livre da influência de modelos. Diferentemente do Édipo de Freud, o Édipo de George Sand é um Édipo *mimético*.

Corrida de obstáculo

As angústias que sofre o narrador proustiano quando sua mãe o priva do beijo "prefiguram as angústias do esnobe e da amante", observa Girard. Será que a mãe é a matriz original de onde surgirão os futuros triângulos eróticos? As reflexões de Proust, não citadas por Girard, sugerem uma interpretação diferente. Marcel compara sua angústia por ser excluído durante o jantar de sua mãe com Swann à angústia sentida pelo próprio Swann em outras circunstâncias:

> Ele, esta angústia que sente o ser que se ama em um lugar prazeroso onde não se está, onde não podemos nos juntar a ele, é o amor que lhe deu a conhecer, o amor a que ela está de alguma forma predestinada, pelo qual ela será capturada; mas quando, como para mim, ela entrou em nós antes que

ele tivesse feito sua aparição em nossa vida, ela flutua ao esperá-lo, vaga e livre, sem afetação determinada, a serviço, num dia, de um sentimento, no dia seguinte, de outro, e, por vezes, da ternura filial ou da amizade por um companheiro.

A angústia que Marcel tão precocemente sofre, seja com sua mãe ou com um amigo de infância, não é mais do que um vago presságio de sofrimentos futuros, o senso oscilante de uma aflição metafísica que se confirmará em relações amorosas futuras. O que tornará a desgraça inevitável não é a tentativa de encontrar um mesmo objeto original, a mãe, e sim o mecanismo perverso que torna desejável o objeto que não se pode possuir, o objeto que reside "em um lugar prazeroso onde não se está, onde não podemos nos juntar a ele".

"O homem psicanalítico é sempre um Adão expulso do paraíso, por ter cobiçado e devorado o fruto proibido", escreveu Girard. Porém, o homem mimético cobiça o fruto *porque ele é proibido*; ele cobiça tudo o que lhe recusa o mediador, o modelo tornado rival: "A obsessão pelo fruto proibido não é o que surge primeiro, ela não é a causa, e sim a consequência da rivalidade". O paraíso do homem mimético não é um lugar prazeroso que ele teve de deixar, e sim o lugar inacessível: "O modelo mostra a seu discípulo a porta do paraíso e lhe interdita a entrada com o mesmo gesto". Assim, é "do modelo e não do obstáculo que parte a dialética", ainda que essa "hierarquia se inverta rapidamente, dissimulando a verdadeira gênese do desejo".

Quando o modelo interdita o acesso ao objeto, esse ato de hostilidade aparente não faz senão aumentar o prestígio do objeto. Longe de pensar que um personagem assim formidável pudesse se sentir ameaçado, o "sujeito é persuadido de que seu modelo se considera muito superior para aceitá-lo como discípulo". Tendo sentido como uma sentença de condenação a interdição imposta pelo modelo, o discípulo talvez veja todas as condenações, todos os obstáculos que lhe barram o caminho como um sinal em si mesmo da superioridade do outro.

"A partir de Proust", observa Girard, "o mediador é literalmente 'qualquer um', e ele pode surgir 'em qualquer lugar'". Dessa forma, em *À Sombra das Raparigas em Flor*, é "um encontro casual durante o passeio de Balbec que decide o destino de Marcel". Ele é enfeitiçado por um punhado de jovens mulheres que constituem um "grupo à parte", mostrando uma "indiferença insolente" por todos os que cruzam por elas. "Para o narrador, elas constituem o obstáculo fascinante, pois impenetrável", comenta Girard. Pelo contrário, para elas, "os obstáculos não existem". De fato, de acordo com a descrição de Proust, elas "forçam as pessoas paradas a se afastar, tal como a passagem de uma máquina abandonada e a qual não era possível esperar que evitasse os pedestres. [...] Mas elas não podiam ver um obstáculo sem se divertirem a ultrapassá-lo, tomando seu ímpeto". Uma menina em particular, Albertine, cativa o narrador proustiano: "Ele vê Albertine saltar sobre a cabeça de um velho aterrorizado e se identifica com a vítima".

Em *Memórias do Subsolo*, o narrador dostoievskiano é vítima de uma humilhação pública análoga quando um oficial desconhecido numa sala de bilhar lhe agarra pelos ombros, tirando-o bruscamente do seu caminho. Esse pequeno incidente foi suficiente para transformar o oficial em objeto permanente da fascinação do narrador. "Aqui, como em qualquer outra obra de Dostoiévski", escreve Girard, "descobrimos a verdade caricatural da experiência proustiana." O fato de que o mediador pudesse ser *não importa quem* "se encontra em Dostoiévski em tal nível de automatismo que provoca o horror cômico".

Girard poderia relembrar aqui por que o homem do subsolo se encontra na sala de bilhar. Por acaso, em frente a um restaurante onde homens se enfrentavam com tacos de bilhar, ele viu um deles ser jogado pela janela, e o tomou imediatamente como modelo; é essa a prova de que o mediador pode, literalmente, "surgir" de *não importa onde*: "Tive um sentimento de inveja por esse cavalheiro que havia sido expulso dessa forma. O sentimento foi tão forte que entrei no restaurante e penetrei na sala de bilhar: 'Quem sabe? Será que eu também terei uma boa briga e consigo que me joguem pela janela?'". Seria difícil imaginar um desejo mais puramente mimético, um desejo por um objeto mais ridículo que aquele de se seguir o Outro jogado pela janela. O narrador dostoeviskiano, porém, não consegue satisfazer um desejo aparentemente tão modesto: "Verificou-se que eu não era sequer digno de ser jogado pela janela". Mas pode ser que o desejo de ser expulso não seja tão modesto; afinal, é talvez o desejo romântico de ser a vítima solitária que chama a atenção de todos. Por conseguinte, ninguém se interessa pelo homem do subsolo, nem mesmo o oficial que o empurra sem se dignar a olhá-lo.

Inevitavelmente, mecanicamente, como dois globos que se chocam, um impulso irresistível dominará o narrador: ele tem de forçar o oficial a se afastar de *seu* caminho. Quando ele descobre que o homem que o insultou adora passear na Perspectiva Nevsky ele segue-o discretamente pela avenida lotada, o tempo todo, obrigado a se apagar perante os outros: "Como um inseto, eu deslizei da forma mais odiosa entre os transeuntes, cedendo continuamente o caminho aos generais, aos oficiais da guarda, aos hussardos, às belas damas". Mesmo os oficiais, observa o narrador, deve ceder a vez às pessoas de posição superior. Contudo, com os de condição subalterna, pode-se seguir adiante como se não houvesse ninguém no caminho.

Desejando colocar-se em pé de igualdade, o homem do subsolo decide se vestir de forma mais elegante. Ele pede a seu chefe para adiantar seu pagamento, a fim de comprar roupas novas e um boné de pele. Todavia, cada vez que ele passa pelo caminho do oficial, este passa na sua frente sem o ver, constrangendo-o a apagar-se cada vez mais, e o mergulhando em um profundo desespero. Então, o narrador se decide a enfrentá-lo, independentemente do que aconteça: "Eu fechei os olhos e... nos chocamos, ombro contra ombro". Apesar de o oficial ter continuado seu caminho como se nada tivesse acontecido, o homem do subsolo volta para casa sentindo-se "completamente vingado".

Tanto em Proust, como em Dostoiévski, observa Girard, "a aparência arrogante do mediador rompendo pela multidão, e sua indiferença desdenhosa" aparecem como sinais exteriores de uma "tranquila e serena superioridade de *essência* que o desafortunado, esmagado, tremendo de ódio e de adoração, procura em vão apropriar-se". Assim, "Marcel imita a linguagem e os modos de Albertine; ele adota mesmo os seus gostos. O homem do subsolo se esforça grotescamente para copiar a ostentação do homem que o insultou". Esse tipo de imitação mostra uma inversão que transforma o obstáculo em modelo. Em uma passagem de *O Amor e o Ocidente* citada por Girard, Denis de Rougemont afirma: "O obstáculo mais grave [é] aquele que se prefere acima de tudo. É o mais adequado para garantir a paixão". Contudo, "o obstáculo mais grave tem esse valor porque denota a presença do mediador, o mais divino", precisa Girard. E ele constata: "No episódio do oficial há mesmo obstáculos no sentido mais literal do termo, já que este insolente força o homem do subsolo a sair da calçada".

É de supor-se que não será difícil ceder

Assim que Girard se concentrou depois da escrita de *Mentira Romântica e Verdade Romanesca*, na história de Édipo, o pensador francês privilegiou um episódio semelhante, aquele em que o herói enfrenta um velho homem arrogante no caminho para Tebas:

> A partir do momento em que Édipo pressente o obstáculo – o desconhecido, por exemplo, que absurdamente lhe barra o caminho –, ele acredita ter entendido a sentença misteriosa que o condena, ele acredita adivinhar, depois

desse obstáculo, o caminho secreto do ser paternal. Os bens do homem que, por acaso, o frustram, seu trono e esposa, adquirem valor sacramental. Eles se tornam o único trono e a única esposa: Tebas e Jocasta.[18]

Se o desconhecido era realmente o pai de Édipo importa pouco nesse contexto. No momento em que se encontra cara a cara com o rival que o quer eliminar, Édipo ignora sua identidade, assim como o homem do subsolo ignora a identidade do oficial. Se o obstáculo se transforma automaticamente em modelo, o mediador pode ser *não importa quem* e pode surgir *em qualquer lugar*: por que não seria o desconhecido no caminho de Tebas?

Uma vez que o desconhecido se torna o modelo a imitar, os seus bens se tornam os objetos a desejar. Jocasta se torna "a única esposa" para o Édipo mimético de Girard, não porque ela é sua mãe, mas porque é mulher de seu modelo. Mesmo que ocultemos que Édipo matou o pai e casou-se com a mãe, ele não mata para satisfazer um desejo incestuoso, uma vez que ignora quem é a mulher que se esconde por trás do obstáculo. A rivalidade precede o fruto proibido. A menos, claro, que o que Girard designa como uma simples "querela de prioridade", não contenha, na realidade, um significado sexual. Em um texto de 1922,[19] um dos primeiros discípulos de Freud, Karl Abraham, sustentou que o "caminho que fez o

---

[18] "Symétrie et dissymétrie", p. 107.
[19] "The Rescue and Murder of the Father in Neurotic Phantasy-Formations", citado por John Murray Cuddihy, p. 55-56.

objeto da querela entre pai e filho dificilmente precisa ser mais comentado": em tese, não poderia ser outra coisa que não fosse um símbolo mal disfarçado do aparelho genital materno.

Por muito promissora que pudesse parecer de um ponto de vista psicanalítico, a tese de Abraham rapidamente encontrou uma objeção advinda de uma fonte inesperada: o próprio Freud. Em uma carta a Abraham, Freud destacou:

> [...] um ponto inconveniente da passagem sobre Édipo que já me deu muitos problemas. O senhor escreve sobre o "caminho estreito" como local de encontro [entre Laio e Édipo], e tal nos convém enquanto símbolo das partes genitais, assim como convém enquanto lugar onde ele tem de ceder a passagem. [...] Contudo, o texto grego que eu conheço fala [...] não de um "caminho estreito", mas de um cruzamento de caminhos, onde se supõe que não seria difícil ceder.[20]

Então, Abraham propôs uma solução engenhosa para reconciliar a primeira interpretação, com base no "caminho estreito", com referência no texto grego, do cruzamento de três caminhos: "Os dois caminhos que convergem para formar uma estrada larga são as duas coxas que se unem ao tronco. O ponto de junção é o local das partes

---

[20] Citado por John Murray Cuddihy, p. 56.

genitais". Dessa forma, o cruzamento de três caminhos "tem o mesmo significado".[21]

Tal conclusão seria mais convincente se não se suspeitasse que, com a mesma habilidade, Abraham poderia igualmente encontrar o "mesmo significado" em qualquer outra configuração. Pensamos aqui na história do paciente a quem se diagnostica uma obsessão sexual depois de ele ver partes genitais em cada mancha de tinta que lhe é mostrada. "Mas doutor", protesta ele, "foi o senhor que fez todos estes desenhos!"

No fundo, cada um é livre para ver o que quer no cruzamento dos caminhos. A verdadeira questão é saber se a solução proposta por Abraham responde adequadamente à objeção de Freud, que não se refere ao sentido sexual oculto no lugar onde se confrontam Édipo e Laio, e sim seu significado explícito. O "ponto inconveniente" que "já deu muitos problemas" a Freud não é que um cruzamento de caminhos não seja adequado como símbolo de partes genitais, mas que ele não é adequado como lugar da disputa. Por que discutir em um local em que dois caminhos convergem para formar uma "estrada larga" quando, como diz Freud, "se supõe que não seria difícil ceder"?

É a ideia de que Édipo e Laio possam ter brigado sem qualquer boa razão que incomoda Freud. Ele não consegue reconhecer a intensidade de uma rivalidade que não

---

[21] "'The Trifurcation of the Road' in the Œedipus Myth" [1922], citado por Peter L. Rudnytsky, p. 261-162.

esteja ancorada em um desejo de um objeto concreto. O que pensaria ele se visse o homem do subsolo andando pela Perspectiva Nevski, bem-vestido e com um boné de pele completamente novo, decidido a se vingar, empurrando o oficial, mesmo que "não fosse difícil ceder"?

Em *A Interpretação dos Sonhos*, Freud lembra que, desde a idade dos dez ou doze anos, começou a ouvir seu pai falar de coisas do mundo durante passeios que faziam juntos. Uma história o marcou particularmente:

> Uma vez, quando eu era jovem, no país onde você nasceu, saí à rua um sábado, bem-vestido e com um boné de pele totalmente novo. Um cristão apareceu; de repente, ele jogou o meu boné na lama, gritando: "Judeu, sai da calçada!". – "E o que você fez?" – "Eu peguei o meu boné", disse meu pai com resignação. Isso não me pareceu heroico da parte daquele homem alto e forte que me levava pela mão. A essa cena, que me desagradou, eu opus outra, muito mais compatível com meus sentimentos, a cena em que Hamilcar jura a seu filho, diante de seu altar doméstico, que se vingará dos Romanos.[22] Desde então, Aníbal ocupa um lugar importante nas minhas fantasias (p.175).

---

[22] Amílcar Barca (270 a.C.-228 a.C.) foi um estadista e general cartaginês. Pai de Aníbal (248 a.C.-182 a.C.), general que chegou às portas de Roma e montou seu exército na Itália por mais de uma década. (N. T.)

Ao estudar as Guerras Púnicas na escola, explica Freud, ele se identificou com o herói semita Aníbal: "Aníbal e Roma simbolizavam aos meus olhos de adolescente a tenacidade hebraica e a organização católica". Talvez Freud tivesse reagido de forma diferente à história de seu pai se ele tivesse explicado o gesto do agressor através do raciocínio que George Sand atribui à mãe de François, o camponês: *só quando estamos insatisfeitos com nossa posição é que queremos denegrir a posição dos outros.*

Segundo Ernest Jones, o pai de Freud "nunca recuperou o lugar que tinha em sua estima depois do doloroso momento em que contou a seu filho de doze anos que um cristão jogou na lama o seu novo chapéu de pele e lhe gritou: "Judeu, sai da calçada!". O próprio Freud retrata o doloroso episódio como "o evento da minha juventude que se reflete, ainda hoje, sobre todos os sentimentos e em todos os sonhos". Em *The Ordeal of Civility*, John Murray Cuddihy interpreta esse evento traumático como a "cena primitiva", que se encontra na origem do fascínio exercido sobre Freud por *Édipo Rei*: "A ideia fixa que Édipo se tornou para Freud depende, na minha opinião, de um pequeno detalhe (pequeno, mas estruturalmente indispensável à estrutura da história) que Freud nunca menciona [...] toda a ação acontece por causa de um insulto social, uma grosseria, que ocorre num caminho, e é cometida por alguém que ocupa uma posição social superior". Para apoiar o argumento, Cuddihy cita a passagem da peça de Sófocles em que Édipo conta o que aconteceu quando encontrou um velho numa carruagem "perto do cruzamento de três caminhos":

> O mensageiro de frente e o próprio velho,
> Tentaram me tirar grosseiramente do
> caminho.
> O cocheiro me atingiu e eu bati nele
> Com fúria. Viu-me e observando a minha passagem
> Pelo lado da carruagem, o velho me bateu
> Bem na cabeça, com um bastão de duas
> pontas.
> Mas eu saldei bem a sua conta:
> Com apenas um golpe de bastão, eu o tirei
> Da sua viatura e o joguei no chão
> (804-813).

"Atingido" pelo cocheiro, o herói de Sófocles "lhe bate com fúria", comenta Cuddihy. "Então, assim como aconteceu com o pai de Freud anos antes, Édipo é atingido 'bem na cabeça' [...] mas, desta vez, em vez do comportamento 'não heroico' do pai que pegou humildemente o seu chapéu da sarjeta enlameada, Édipo, com fúria, bate novamente e mata... seu pai."

Cuddihy afirma que Freud metaforicamente matou seu próprio pai quando o ouviu contar sua humilhação passiva infligida pelo cristão: "Ter vergonha de um pai é uma espécie de 'parricídio moral'". Freud experimentou um sentimento de culpa em relação a seu pai: não por ter tido "o desejo proibido de o matar para possuir sua mãe", mas pelo fato ainda mais indizível de ter vergonha dele. O que Cuddihy chama "culpa pela vergonha" é, sugere ele, a forma específica de culpa experimentada pelos membros das minorias étnicas que se assimilam na cultura dominante com mais sucesso que seus pais, cujo comportamento se torna constrangedor aos olhos de seus próprios filhos.

Para Peter L. Berger, que cita Cuddihy, a "mobilidade social de massas" implica "uma espécie de morte simbólica do parente pelo 'rito sacrifical do espírito'": "não há nenhuma maravilha", aliás, "sublinha Berger, no fato de a mitologia freudiana do parricídio ter tido um acolhimento tão receptivo na sociedade americana, e em especial por quem recentemente passou à classe média". Tal observação recorda a de Girard sobre o complexo de Édipo como uma "diminuição do poder paternal". À medida que a mobilidade social corrói as diferenças hierárquicas tradicionais, a mediação interna substitui a mediação externa e as crianças começam a rivalizar com seus pais.

No caso de Freud, no entanto, a rivalidade com seu pai se desenvolve de uma forma mais complexa do que faria crer uma interpretação puramente sociológica. A tese de Cuddihy é que, devido à teoria edipiana, Freud pode dissimular, para si mesmo, o "parricídio moral" da vergonha, substituindo-o por um parricídio imaginário: "É mais lícito, mais tolerável reconhecer e repreender-se por ser um parricida (na fantasia), que ter vergonha de seu pai (na realidade) na desgraça – dele e sua – de nascer judeu". Mas Cuddihy nota também que, ao bater no homem que queria expulsá-lo, "Édipo *faz* o que o jovem Freud *queria* que seu pai tivesse feito". Na realidade, Freud tinha vergonha de seu pai, mas não porque ele era judeu, e sim porque aceitou passivamente a agressão do cristão.

Cuddihy descreve um incidente análogo, no qual o próprio Freud reagiu de forma muito mais vigorosa.

Em 1883, durante uma viagem de trem, Freud abriu uma janela para deixar entrar um pouco de ar fresco e outros passageiros pediram que ele a fechasse. Quando um deles gritou: "É um judeu sujo!", a discussão adquiriu uma tonalidade antissemita. Em vez de ceder, Freud se manteve firme e silenciou os adversários, oferecendo-se para lutar com o agressor. "Todos os elementos essenciais do episódio de seu pai se repetiram", observa Cuddihy, mas "com uma diferença importante: o fato de Freud enfrentar a situação, desafiando abertamente o outro".

Ora, portanto, não foi apenas Édipo que agiu como o jovem Freud desejava que seu pai tivesse feito: o próprio Freud também o fez. Ao enfrentar com sucesso o cristão que o insultou, Freud distanciou-se do modelo de seu pai. Contudo, ao pressupor a existência de uma rivalidade em relação à mãe, Freud inventou um cenário alternativo, no qual o modelo paternal passou a dominar. Se o casamento com a mãe for a medida do sucesso, o pai de Freud permanece um modelo externo impossível de igualar. Freud não poderá jamais casar com a mulher que se casou com seu pai; ele não poderá jamais superar seu pai em uma rivalidade imaginária a fim de possuir o objeto maternal. Porém, Freud superou seu pai no tocante à rivalidade real com os cristãos – uma rivalidade em que Freud soube manter-se firme mesmo quando "não seria difícil ceder".

"Eu bati nele porque ele me bateu"

A decepção duradoura que Freud teve com seu pai, devida ao incidente que comentamos, foi confirmada por um ato falho quando ele contou o mesmo incidente na primeira edição de *A Interpretação dos Sonhos*. Ao lembrar como pensou na cena em que Aníbal jura vingar seu pai, combatendo os romanos, Freud chamou o pai de Aníbal de "Asdrúbal". Na realidade, Asdrúbal era o nome do irmão de Aníbal. Posteriormente, o próprio Freud analisa o ato falho em *A Psicopatologia da Vida Quotidiana* (p. 276):

> O erro que me fez dizer *Asdrúbal* em vez de *Amilcar*, ou seja, o que me fez dizer o nome do irmão em vez do nome do pai, se relaciona a um conjunto de ideias em que a mistura de entusiasmo por Aníbal que eu senti pela primeira vez quando era ainda estudante, reuniu-se à insatisfação que me inspirou a atitude do meu pai em face dos "inimigos do nosso povo". Eu poderia ter deixado meus pensamentos fluírem e contar como a minha atitude em relação a meu pai se modificou em decorrência de uma viagem à Inglaterra, onde conheci meu meio-irmão, um filho que meu pai tinha tido em um primeiro casamento. O meu meio-irmão tem um filho que se parece comigo. Portanto, eu podia imaginar, sem qualquer inverossimilhança, as consequências da eventualidade de ser filho, não de meu pai, mas de meu irmão.

Tal confissão reveste de novo significado uma máxima de Girard: "A fraternidade é a verdade da paternidade".

Ernest Jones sugere que a descoberta do complexo de
Édipo por Freud "lhe deu mais conforto em relação
à sua própria e pouco habitual constelação familiar".
Em *Freud e Édipo*, Peter L. Rudnytsky amplia a ideia,
afirmando que o contexto familiar de Freud corresponde,
de forma surpreendente, ao do Édipo de Sófocles.
Quando o pai de Freud se casou, ele tinha o dobro da
idade da esposa e já tinha dois filhos adultos de um casamento
anterior. O filho do primogênito nasceu pouco
mais de um ano antes de Freud, e a filha tinha a mesma
idade que ele. Dessa forma, o sobrinho e a sobrinha de
Freud "eram, na prática, irmão e irmã dele, enquanto
seus meios-irmãos tinham idade suficiente para ser seu
pai". Essa confusão de gerações dá lugar a um paralelo
impressionante entre a família de Freud e a de Édipo,
sustenta Rudnytsky. Afinal, "o incesto cometido por
Édipo com sua mãe tem como consequência uma complexidade
análoga dos seus laços de parentesco". Então,
Rudnytsky cita a advertência de Tirésias:

> Se provará que ele é simultaneamente
> pai e irmão
> Dos seus próprios filhos, e filho e marido
> Daquela que o carregou, que ele cultivou
> O mesmo sulco que seu pai e o matou.
> (457-460)

"Dificilmente poderia haver uma ilustração mais brilhante
do princípio paradoxal enunciado por Oscar Wilde:
'A vida imita a arte'", conclui Rudnytsky.

Mas será mesmo o caso? Será que a "pouco habitual constelação
familiar" de Freud conduziu à imitação de Édipo?

Na realidade, apenas a alusão de Tirésias a uma confusão de papéis aplicar-se à família de Freud, pelo menos em parte: o meio-irmão de Freud tem idade para ser pai, e o filho de seu meio-irmão – seu sobrinho – tem idade para ser seu irmão. Por outro lado, o pai de Freud tem idade para ser seu avô, e não para ser seu irmão. Freud não matou o pai, nem "cultivou o mesmo sulco", e ele também não é "filho e marido" daquela que o carregou. De fato, como ela tem idade precisamente para ser sua mãe, ela é o único membro da família cuja relação geracional não apresenta nenhuma particularidade em relação a Freud. Assim, ainda que haja um paralelo entre as famílias de Édipo e de Freud, ele se limita à indiferenciação dos papéis de parentesco do lado paternal e – um fato curioso do ponto de vista psicanalítico – não se relaciona em absoluto com a mãe.

Ora, como a mãe não representa qualquer problema, é difícil interpretar o paralelo entre as famílias de Édipo e de Freud de acordo com a leitura freudiana de *Édipo*. E quanto à leitura girardiana? Vimos que Girard entende o incesto e o parricídio como indicadores de uma crise de indiferenciação: a crise que simboliza também a peste. Em relação a Sófocles, Girard dá menos importância ao incesto do que à crise de indiferenciação que ele implica – a "mistura escandalosa de parentesco" na família de Édipo. E é precisamente esse aspecto que deve ter afetado Freud, já que não podia deixar de recordar a "mistura escandalosa de parentesco" de sua própria família. Se quisermos entender por que *Édipo Rei* exerceu tal impacto no espírito de Freud, o incesto se revela ser uma pista falsa.

A confusão de papéis de parentesco na família de Freud estimula a fantasia em que Freud substitui a figura de seu velho pai, que provou ser fraco ao se deixar empurrar pelo desconhecido, pela figura mais imponente de seu meio-irmão. Como vimos, Freud opõe o comportamento pouco heroico de seu pai àquele mais resoluto do pai de Aníbal, que fez seu filho jurar uma vingança digna de um guerreiro. Freud percebe, então, que podia rastrear seu próprio "ideal guerreiro" a um tempo ainda mais longínquo, às "relações por vezes amistosas e por vezes belicosas" que manteve, quando tinha três anos, com um sobrinho mais velho do que ele um ano; sem dúvida, trata-se de John, o filho de seu meio-irmão.

No processo de interpretações dos sonhos, Freud ofereceu um resumo revelador das suas relações por vezes "belicosas" com John ao descrever um incidente em que prevaleceu sobre o menino mais velho:

> As duas crianças estavam disputando um objeto, não especificamos sua natureza, embora sua lembrança, ou a falta dela, a indique; os dois querem ser os primeiros a chegar [...] e, consequentemente, ter direito ao objeto. Chegamos a andar a golpes; a força faz o direito [...]. O vencido corre para casa de meu pai, que é o avô dele, me acusa, e eu me defendo com as palavras que conheço através da história de meu pai: "*Eu bati nele porque ele me bateu*". [...] Por isso, os pensamentos do sonho continuam da seguinte maneira: é benfeito para você, porque você tinha de me dar o lugar; por que você queria me pegar? Não

preciso de você; vou encontrar outro amigo para brincar etc. (p. 412-413).

Freud não queria de forma alguma ceder o lugar ao amigo mais velho, mesmo que – para citar sua observação sobre Édipo no cruzamento dos caminhos – "não fosse difícil ceder".

Rudnytsky observa que "a justificativa dada por Freud para sua reação contra John – "*Eu bati nele porque ele me bateu*" – corresponde exatamente ao que ocorre em *Édipo Rei*, pois Édipo mata Laio para se defender", já que "Édipo declara que bateu no velho só depois" de ter sido agredido primeiro. Ora, Rudnytsky, que é muito crítico em relação às ideias de Girard, reconhece aqui que "o conceito girardiano da 'violência recíproca' se aplica perfeitamente ao confronto entre Freud e John". Simultaneamente, Rudnytsky acredita que "a cena pode ser totalmente explicada em termos edipianos":

> A disputa entre Freud e John se relaciona precisamente à questão da prioridade, o fato de ambos os meninos afirmarem ter "chegado primeiro". É exatamente a mesma coisa que está em jogo na batalha entre Édipo e Laio no cruzamento dos caminhos, que representa simbolicamente as partes genitais da mãe. As dimensões edipianas desta cena com John se estendem além da esfera puramente sexual, relacionando--se com controvérsias relativas à prioridade intelectual e originalidade

em que Freud se envolveu ao longo de toda a sua vida (p. 34-35).

Sem dúvida, Rudnytsky acerta ao ver na questão da prioridade o elemento essencial que liga a disputa de Freud com o amigo de infância (ou posteriormente com seus colegas adultos) à disputa de Édipo com um desconhecido no cruzamento dos caminhos. Essa importante intuição, que se estende "além da esfera puramente sexual", não justifica a invocação das partes genitais da mãe, nem a sugestão de que "o objeto" não determinado pelo qual disputavam os meninos era a irmã de John, "que, como fêmea situada entre dois machos, constitui uma substituta da mãe".

Aqui, a questão não é a de saber se há um desejo incestuoso em relação à parente do sexo oposto. Mesmo que admitamos a existência de tal desejo, não há qualquer necessidade de se recorrer a ele cada vez que nos damos conta de uma disputa entre dois indivíduos do mesmo sexo. A verdadeira questão é saber se todos os conflitos têm suas raízes no forte desejo de encontrar um único objeto primordial ou se, como sustenta Girard, eles têm uma tendência constante para a rivalidade devido ao surgimento de um desejo desenraizado que se deixa remodelar perpetuamente.

O caráter mimético do conflito entre Freud e John aparece claramente nas palavras *"Eu bati nele porque ele me bateu"*. Duas crianças são perfeitamente capazes de lutar pela posse de um objeto qualquer, uma vez que uma delas se apropriou do objeto antes da outra. Elas podem mesmo vir a lutar ainda que nenhum objeto concreto esteja em jogo – e dois homens adultos podem fazer a mesma coisa: é o que demonstra a batalha pela prioridade entre Édipo e o velho no cruzamento dos caminhos.

Muitos autores notaram as "controvérsias relativas à prioridade intelectual e originalidade" que perseguiram Freud ao longo de toda sua vida. Se Ernest Jones afirma que Freud estava acima de coisas tão triviais, Robert K. Merton constata: "Na realidade, Elinor Barber e eu encontramos mais de 150 passagens em que Freud demonstrou interesse pela questão da prioridade".[23] Desse modo, a querela da prioridade é o sintoma típico da mediação interna: quem é o original e quem é a cópia? Quem é o modelo e quem é o discípulo? Quando ambos imitam o outro, os dois se apressam para alcançar o mesmo objeto – seja a apropriação do mesmo brinquedo, seja a reivindicação da mesma descoberta científica –, e ambos verão no outro um obstáculo a seu próprio desejo de ser o primeiro. Se não se impuser um limite, o funcionamento desse mecanismo tão simples será suficiente para transformar o amigo intimo em inimigo odiado. Foi o mecanismo que se aprofundou cada vez mais ao longo da vida de Freud.

Em *A Interpretação dos Sonhos*, Freud observa: "Todos os meus amigos são, em certo sentido, encarnações" de John, e acrescenta: "A intimidade de uma amizade, o ódio por um inimigo foram sempre essenciais à minha vida afetiva [...] e a vida realizou muitas vezes o meu ideal de criança tão perfeitamente que uma única pessoa podia ser amigo

---

[23] "The Ambivalence of Scientists" [1973], citado por John Murray Cuddihy, p. 94.

e inimigo; mas, naturalmente, não ao mesmo tempo". Analisando os sonhos de Freud que forneceram a maioria do material analisado na primeira edição da obra, Lucien Scubla notou que "o que se manifesta na cena do sonho não é o incesto, e sim a confusão de duplos, não é a morte do pai, e sim a rivalidade fraternal".[24]

Em comentário semelhante sobre os sonhos de Freud, Marthe Robert sugeriu que "o importante na vida profunda de Freud não parece de forma alguma ser a sexualidade, mas sim o desejo de sucesso, de se fazer conhecido [...] com a violência e a ausência de escrúpulos que caracterizam sempre exigências semelhantes".[25] Apesar de Marthe Robert acreditar que a ambição intelectual pudesse substituir, no sonho, o desejo sexual censurado, Scubla propôs o contrário: "O desejo sexual, que é na verdade demasiado indiscreto para conseguir passar despercebido, procura, na realidade, dissimular o poder da inveja, da vaidade e do amor-próprio, a ponto de ocultá-los cada vez mais, à medida que se sucedem as edições de *A Interpretação dos Sonhos*".

Em carta escrita em 1900, na época da primeira edição do livro, Freud declara que seu verdadeiro temperamento é menos o de um homem de ciência do que o de um "*conquistador*".[26] Um conquistador como Aníbal – ou como Édipo. Alguns anos depois, por ocasião de seu quinquagésimo aniversário, Freud recebeu de seus discípulos uma

---

[24] Sobre a rivalidade dos irmãos no círculo de Freud, ver François Roustang. O próprio Freud fala de "querelas de prioridade" entre Abraham e Jung (Roustang, p. 10).
[25] Marthe Robert, p. 119; citado por Lucien Scubla, p. 148.
[26] Citado por Ernest Jones, t. 1, p. 382.

medalha com seu retrato. O verso da medalha mostra Édipo em frente da esfinge e uma citação da peça de Sófocles: "Quem resolveu o famoso enigma foi um homem de grande poder". Para estupefação de seus discípulos, Freud manifesta os sintomas de um paciente perante o reprimido.

> Ao ler a inscrição, Freud ficou pálido e se agitou, e, com uma voz abafada, perguntou quem pensou naquilo. Ele se comportou como se tivesse visto uma aparição e foi precisamente o que aconteceu. [Freud] revelou que, jovem estudante na Universidade de Viena, costumava passear na *Grand Cour* e olhar o busto de célebres professores do passado. Foi quando não só teve a fantasia de ver seu próprio busto futuro [...], como também imaginou um busto exatamente com as palavras que se encontravam na medalha.[27]

O sonho de chegar ao nível de seus ilustres modelos, eis a fantasia secreta desse *Édipo mimético*.

Freud no subsolo

Por que será que Freud insistiu tanto na primazia das pulsões sexuais ocultas? Cuddihy menciona a conjectura

---

[27] Ernest Jones, t. 2, p. 14-15.

de Vincent Brome: "É possível que, quando as autoridades médicas vienenses quiseram expulsá-lo devido às teorias sexuais, ele tenha permanecido firme, com sua vontade tão inflexível, em virtude da lembrança humilhante de seu pai, autêntica força motriz inconsciente?". O cristão que expulsou seu pai do caminho criou provavelmente "a velha injunção de que um judeu ouviu muitas vezes quando encontrava um gói em uma ruela ou em um caminho estreito – *Machmores Jud!*" ("Olha as suas maneiras, judeu!") – injunção à qual o pai de Freud obedeceu ao descer à sarjeta para deixar passar o cristão, observa Cuddihy.

Ao formular a argumentação de suas teorias sexuais em uma língua direta e não censurada, Freud recusou-se a "olhar suas maneiras". Mas Cuddihy leva essa intuição muito mais longe. Ele sustenta que todo o discurso psicanalítico sobre a supressão das pulsões ocultas pode ser interpretado como uma espécie de alegoria da experiência do judeu constrangido a esconder sua identidade, se quiser "ingressar" no mundo das "maneiras" cristãs.

Em *A Interpretação dos Sonhos*, o agente do recalcado que esconde a expressão do desejo no sonho é o "censor", que, comenta Cuddihy, "está na fronteira da consciência e diz: 'Você não passa'". Assim, durante o século XIX, o judeu do Leste Europeu lutou para não ser barrado na fronteira da sociedade burguesa ocidental. Após ter superado a exclusão econômica e política, ele procurou, na época de Freud, respeitabilidade. Cuddihy vê nesse judeu inoportuno, taxado de vulgar apesar de sua emancipação, o modelo inconsciente de *id* vulgar e inoportuno de Freud.

Ainda que Cuddihy não o diga explicitamente, essa glosa do recalque freudiano remete novamente ao episódio da peça de Sófocles que parece ter desempenhado um papel decisivo no pensamento de Freud. Será que o velho que bloqueia a passagem de Édipo não é um sentinela em pé na fronteira de Tebas que declara: "Você não vai passar"? E o cristão que bloqueia a entrada do judeu na sociedade respeitável, não representará um novo avatar do obstáculo girardiano, o modelo que "mostra ao discípulo a porta do paraíso e lhe proíbe a entrada em um único gesto"?

A ambivalência de Freud em relação à sociedade cristã – seu desejo de atrair discípulos cristãos que poderiam defender a psicanálise contra a acusação de ser uma "ciência judaica", sua recusa orgulhosa de compromissos que poderiam assegurar um melhor acolhimento junto a todo e qualquer gói – é a ambivalência típica do discípulo em relação a seu mediador. Ela lembra a ambivalência que Girard atribui ao homem do subsolo: "Ele quer se tornar o *Outro* sem deixar de ser ele mesmo". Depois de ter sido empurrado pelo oficial na sala de bilhar, o narrador dostoievskiano escreveu para seu inimigo uma carta que nunca enviou, uma carta impelida por uma esperança secreta que talvez não fosse tão diferente do desejo de um sonho não expresso de um certo pensador judeu, revoltado com "o inimigo de seu povo":

> Eu lhe implorei que me pedisse desculpas. Para o caso de ele recusar, eu aludi claramente ao duelo. A carta foi escrita de forma que se o oficial tivesse tido o menor sentimento "do belo, do sublime", ele teria inevitavelmente corrido para mim para se

jogar no meu pescoço e me oferecer sua amizade. E como isso teria sido comovente! Teríamos vivido tão felizes, tão felizes!... A sua bela presença teria sido suficiente para me defender contra meus inimigos, e eu, graças à minha inteligência, graças às minhas ideias, teria tido sobre ele uma influência enobrecedora. Quantas coisas nós poderíamos ter feito".

Como se tornar o outro e, ao mesmo tempo, permanecer totalmente igual a si mesmo? Se Cuddihy tiver razão, Freud encontrou a forma de resolver esse dilema desvendando no outro uma afinidade oculta com suas próprias aspirações. A teoria freudiana das pulsões reprimidas equivale a mostrar que o mesmo *id* vulgar se esconde igualmente sob a superfície do cristão e do judeu. Para o "naturalismo sexual de Freud, 'o amor no Ocidente' (de Rougement) é o *id* disfarçado de Eros", escreve Cuddihy, observando a insistência de Freud no tocante ao fato de que os "processos fundamentais em funcionamento na excitação erótica permanecem sempre os mesmos. O que se refere aos excrementos refere-se também, e de forma muito íntima e inseparável, à coisas sexuais; a posição dos órgãos genitais – *inter urinas e faces* – é impossível modificar e permanece sendo o fator decisivo".

Em resumo, ao ouvir lhe gritarem "Judeu sujo!", Freud respondeu: "Cristão sujo!". Um cristão tinha batido no boné que estava na cabeça do pai de Freud, jogando-o na lama. Pelo contrário, Freud pegou-a na lama para jogá--la na cabeça do cristão: "Tem sujeira na cabeça, cristão. Sujeira, sujeira, sujeira na cabeça do cristão!"

Tal judeu, qual cristão

Quando vejo os cristãos atacarem os judeus,
tenho a impressão de que estou vendo os filhos
baterem em seus pais.
Voltaire

No que se refere à religião, os mais próximos
são os maiores inimigos.
Montesquieu

Judeus e cristãos, irmãos inimigos, unidos em uma luta imemorial. Ao imputar ao cristão pulsões inomináveis, Freud não fez mais do que, em certo sentido, quitar uma dívida antiga. No mundo cristão da Idade Média, se adorava contar sempre a história de um homem que havia cometido crimes monstruosos. Abandonado quando era criança, esse indivíduo voltou, sem saber, à casa de seus pais, onde ele havia matado seu pai, tendo em seguida casado com sua mãe, antes de se unir aos discípulos de Jesus, que ele traiu e fez que fosse crucificado.[28] Dessa forma, a história de Édipo, desenraizada de suas origens na Grécia antiga, se fundiu com a história de Judas, dando origem a um judeu sujo, parricida e incestuoso. Ao postular a universalidade do complexo de Édipo, Freud tornou universal o papel do bode expiatório, fazendo tanto de judeus como de cristãos parricidas incestuosos.

Judeus e cristãos, irmãos inimigos. Um drama milenar que, nos últimos anos da vida de Freud, culminou em

---

[28] A lenda de um Judas edipiano "foi muito popular na Idade Média. Ela foi preservada em mais de 42 manuscritos latinos" (Lowell Edmunds, p. 18).

catástrofe. Mais uma vez, em tempos de crise, os judeus foram mortos sob o pretexto de serem traidores diabólicos: verdadeiros Judas. Como explicar um conflito assim tão duradouro e intenso?

Do ponto de vista de Girard, judeus e cristãos deveriam unir-se pela condenação do mecanismo vitimário que distingue as religiões bíblicas dos cultos mitológicos. Em seus trabalhos posteriores à publicação de *A Violência e o Sagrado*, Girard sustentou que a vocação especial para a defesa das vítimas aparece pela primeira vez na Bíblia hebraica e atinge seu apogeu no Evangelho. Desse modo, se Girard tem razão, se a defesa das vítimas típica do judaísmo serviu de modelo para o cristianismo, por que os judeus foram, tantas vezes ao longo da história, vítimas do ódio cristão? Se a Bíblia prevê um mundo em que os homens tratar-se-ão como irmãos verdadeiros e não como irmãos inimigos, por que os judeus e os cristãos acabaram por se tornar irmãos inimigos? Como explicar um conflito tão longevo e intenso?

Para o judeu que procura seu lugar na sociedade ocidental, o cristão representa, nós o dissemos, o modelo e o obstáculo. Mas para o cristão, o que representa o judeu?

– Tenho uma Boa Notícia, anuncia o cristão, ao bater à porta do judeu. Chegou o Messias que seu povo desejou tão ardentemente. O senhor me ensinou a desejá-lo e fui eu quem O encontrou. Una-se à minha alegria.

– Não, responde o judeu. Ainda não. O seu Messias me deixa indiferente. Não é aquele que eu queria. Tente outra vez, mais tarde.

Para o cristão, o que pode representar o judeu, a não ser o primeiro modelo e o obstáculo supremo? O modelo que "se considera demasiado superior a ele para aceitá-lo como discípulo" e que provoca o mesmo tipo de reação passional descrita por Girard em sua análise da mediação interna, o "sentimento desolador constituído pela união desses dois sentimentos contrários: a veneração mais submissa e o rancor mais intenso":

> Eis aí o sentimento que chamamos ódio. Apenas o ser que nos impede de satisfazer um desejo que ele próprio nos despertou é verdadeiramente objeto de ódio. Quem odeia, odeia primeiro a si mesmo em razão da admiração secreta que seu ódio encobre. A fim de esconder dos outros, e de esconder de si mesmo, essa admiração desvairada, ele não quer enxergar mais em seu mediador senão um obstáculo. [...] O mediador é agora um inimigo sutil e diabólico; procura despojar o sujeito de suas mais caras posses; contrapõe-se obstinadamente a suas mais legítimas ambições. (*Mentira*, p. 19-20).

Para o cristão, o que representa o judeu, a não ser se não a figura paternal que, como mediador do desejo, se transforma em obstáculo?

O cristianismo é, afinal, filho do judaísmo.

A fraternidade é a verdade da paternidade. Laio e Édipo, pai e filho, irmãos inimigos...

A imitação de Édipo. Não seria essa uma explicação suficiente?

*

Quando Chu-bu e Sheemish se cansaram de trocar acusações idênticas, ambos decidiram provar sua superioridade em relação ao outro, fazendo um pequeno milagre. Quis o acaso que escolhessem o mesmo milagre e ambos ordenaram um pequeno terremoto. E o terremoto ocorreu com consequências imprevisíveis:

> Foi um terremoto muito localizado, porque existem outros deuses além de Chu-bu ou mesmo Sheemish, e ele foi muito pequeno, como eles queriam, mas soltou algumas pedras na coluna que sustentava um lado do templo, e um muro inteiro desmoronou [...] e o templo de Chu-bu tremeu e parou de tremer, balançou e depois desabou na cabeça de Chu-bu e Sheemish.
>
> Ninguém o reconstruiu, porque ninguém ousou se aproximar desses terríveis deuses. Alguns disseram que Chu-bu fez o milagre, mas outros disseram que foi Sheemish, e daí nasceu um dissídio. Aqueles que procuraram um acordo amigável disseram que conseguiram, mas ninguém adivinhou a verdade: que tudo começou numa rivalidade.

referências bibliográficas

Obras de René Girard citadas

Mentira Romântica e Verdade Romanesca.
São Paulo: Editora É, 2009.
"De l'expérience romanesque au mythe œdipien". *Critique*, 1965.
"Symétrie et dissymétrie dans le mythe d' Œdipe". *Critique*, 1968.
"Une analyse d' *Œdipe* roi". In: *Critique sociologique et critique psychanalytique.* Universidade Livre de Bruxelas, 1970.
La Violence et le Sacré. Paris: Grasset, 1972.
"Doubles and the *Pharmakos.* Lévi-Strauss, Frye, Derrida e Shakespeare" [1973]. In: *Œdipus Unbound* (ver abaixo).
"Dionysus and the Violent Genesis of the Sacred". *Boundary*, 1977.
Des choses cachées depuis la fondation du monde (com J. M. Oughourlian e G. Lefort). Paris: Grasset, 1978.
"The Plague in Literature and Myth". In: *"To double business bound"*, John Hopkins, 1978
Le Bouc émissaire. Paris: Grasset, 1982.
"The Myth of Œdipus, the Truth of Joseph" [1985], em *Œdipus Unbound* (ver abaixo).
La route antique des hommes pervers.
Paris: Grasset, 1985.

Shakespeare, les feux de l'envie. Paris: Grasset, 1990.

Œdipus Unbound. Selected Writings on Rivalry and Desire, dir. M. Anspach, Stanford, 2004.

Outros textos citados

KARL ABRAHAM. *Clinical Papers and Essays on Psycho-Analysis.* Londres: Hogarth Press, 1955.
FREDERICK AHL. *Sophocles' Œdipus. Evidence and Self-Conviction.* Londres: Cornell University Press, 1991.
L. BERKOWITZ et T. F. BRUNNER (org.). *Œdipus Tyrannus.* Nova York: Norton, 1970.
RICHARD S. CALDWELL. "The Blindness of Œdipus". *International Review of Psycho-Analysis,* 1974.
RICCARDO CALIMANI. *Ebrei eterni inquieti.* Milão: Bruno Mondadori, 2009.
CARMINE CATENACCI. *Il tiranno e l'eroe. Per un'archeologia del potere nella Grecia antica.* Milão: Bruno Mondadori, 1996.
JOHN MURRAY CUDDIHY. *The Ordeal of Civility. Freud, Marx, Lévi-Strauss, and the Jewish Struggle with Modernity.* 2ª ed. Boston: Beacon, 1987.
MARIA DARAKI. *Dionysos.* Paris: Arthaud, 1985.
MARIE DELCOURT. *Œdipe ou la legend du conquérant* [1944]. Paris: Les Belles Lettres, 1981.
LORD DUNSANY. "Chu-bu and Sheemish" [1912]. In: *Beyond the Fields We Know.* Londres: Pan/Ballantine, 1972.
LOWELL EDMUNDS. *Œdipus. The Ancient Legend and Its Later Analogues.* Baltimore: Johns Hopkins, 1985.
VIVIANE FORRESTER. "Marcel Proust: le texte de la mère". Paris: Seuil, *Tel quel,* 1978.
MICHEL FOUCAULT. "La verité et les formes juridiques" [1973]. *Chimères,* 1990-1991.
SIGMUND FREUD. *L'Interpretation des rêves.* Paris: PUF, 1967.

_____. *La Psychopathologie de la vie quotidienne*. Paris: Payot et Rivages, 2001.
SANDOR GOODHART. "*Lêistas Ephaske*. Œdipus and Laius' Many Murderers". *Diacritics*, 1978.
WILLIAM CHASE GREENE. "The Murderers of Laius". *Transactions of the American Philological Association*, 1929.
ERNEST JONES. *La Vie et l'oeuvre de Sigmund Freud*. Paris: PUF, 2006.
JOHN JONES. *On Aristotle and Greek Tragedy*. Nova York: Oxford, 1962.
FRANÇOISE LAUWAERT. "Le saint, le boiteux et l'héritier. À propos de la fonction impériale en Chine". *L'Homme*, 1998.
ALAIN MOREAU. "À propos d'Œdipe. La Liasion entre trois crimes". In: *Études de litterature ancienne*, dir. S. Saïd etc. Presses universitaires de l'ENS, 1979.
ANDRÉ ORLÉAN. "Monnaie et spéculation mimétique". In: *Violence et Verité*, dir. P. Dumouchel. Paris: Grasset, 1985.
MARTHE ROBERT. *D'Œdipe à Moïse*. Paris: Hachette, 1978.
FRANÇOIS ROUSTANG. *Un destin si funeste*. Paris: Minuit, 1976.
PETER L. RUDNYTSKY. *Freud and Œdipus*. Nova York: Columbia University Press, 1987.
SUZANNE SAÏD. "La tragédie de la vengeance". In: *La Vengeance*, t. 4, dir. G. Courtois. Cujas, 1984.
LUCIEN SCUBLA. "Pour une archéologie du texte freudien". *Cahier du CREA*. 1983.
J. T. SHEPPARD. The *Œdipus Tyrannus of Sophocles*. Cambridge: Cambridge University Press, 1920.
SIMON SIMONSE. *Kings of Disaster. Dualism, Centralism and the Scapegoat King in Southeastern Sudan*. Boston: E. J. Brill, 1992.
_____. "À la recherche des derniers rois boucs émissaires", *Cahier Girard*, dir. M. Anspach. L'Herne, 2008.

THUCYDIDE. *La Guerre du Péloponnèse*. Paris: Gallimard, 2000.
FRANÇOIS TRICAUD. *L'Accusation. Recherche sur les Figures de l'agression éthique*. Paris: Dalloz, 1977.
JEAN-PIERRE VERNANT. "Ambiguité et renversement. Sur le structure énigmatique d'*Œdipe roi*" [1970]. In: J. P Vernant et P. Vidal-Naquet, *Mythe et tragédie en Grèce ancienne*. Paris: Maspero, 1981.
SYLVIA TOWNSEND WERNER. "The Scapegoat". In: *Selected Poems*. Manchester: Carcanet Press, 1985.

breve explicação

Arnaldo Momigliano inspira nossa tarefa, já que a alquimia dos antiquários jamais se realizou: nenhum catálogo esgota a pluralidade do mundo e muito menos a dificuldade de uma questão complexa como a teoria mimética.

O cartógrafo borgeano conheceu constrangimento semelhante, como Jorge Luis Borges revelou no poema "La Luna". Como se sabe, o cartógrafo não pretendia muito, seu projeto era modesto: "cifrar el universo / En un libro". Ao terminá-lo, levantou os olhos "con ímpetu infinito", provavelmente surpreso com o poder de palavras e compassos. No entanto, logo percebeu que redigir catálogos, como produzir livros, é uma tarefa infinita:

> Gracias iba a rendir a la fortuna
> Cuando al alzar los ojos vio un bruñido
> Disco en el aire y comprendió aturdido
> Que se había olvidado de la luna.

Nem antiquários, tampouco cartógrafos: portanto, estamos livres para apresentar ao público brasileiro uma cronologia que não se pretende exaustiva da vida e da obra de René Girard.

Com o mesmo propósito, compilamos uma bibliografia sintética do pensador francês, privilegiando os livros publicados. Por isso, não mencionamos a grande quantidade de ensaios e capítulos de livros que escreveu, assim como de entrevistas que concedeu. Para o leitor interessado numa relação completa de sua vasta produção, recomendamos o banco de dados organizado pela Universidade de Innsbruck: http://www.uibk.ac.at/rgkw/mimdok/suche/index.html.en.

De igual forma, selecionamos livros e ensaios dedicados, direta ou indiretamente, à obra de René Girard, incluindo os títulos que sairão na Biblioteca René Girard. Nosso objetivo é estimular o convívio reflexivo com a teoria mimética. Ao mesmo tempo, desejamos propor uma coleção cujo aparato crítico estimule novas pesquisas.

Em outras palavras, o projeto da Biblioteca René Girard é também um convite para que o leitor venha a escrever seus próprios livros acerca da teoria mimética.

cronologia de René Girard

René Girard nasce em Avignon (França) no dia 25 de dezembro de 1923; o segundo de cinco filhos. Seu pai trabalha como curador do Museu da Cidade e do famoso "Castelo dos Papas". Girard estuda no liceu local e recebe seu *baccalauréat* em 1940.

De 1943 a 1947 estuda na École des Chartes, em Paris, especializando-se em história medieval e paleografia. Defende a tese *La Vie Privée à Avignon dans la Seconde Moitié du XVme Siècle*.

Em 1947 René Girard deixa a França e começa um doutorado em História na Universidade de Indiana, Bloomington, ensinando Literatura Francesa na mesma universidade. Conclui o doutorado em 1950 com a tese *American Opinion on France, 1940-1943*.

No dia 18 de junho de 1951, Girard casa-se com Martha McCullough. O casal tem três filhos: Martin, Daniel e Mary.

Em 1954 começa a ensinar na Universidade Duke e, até 1957, no Bryn Mawr College.

Em 1957 torna-se professor assistente de Francês na Universidade Johns Hopkins, em Baltimore.

Em 1961 publica seu primeiro livro, *Mensonge Romantique et Vérité Romanesque*, expondo os princípios da teoria do desejo mimético.

Em 1962 torna-se professor associado na Universidade Johns Hopkins.
Organiza em 1962 *Proust: A Collection of Critical Essays*, e, em 1963, publica *Dostoïevski, du Double à l'Unité*.
Em outubro de 1966, em colaboração com Richard Macksey e Eugenio Donato, organiza o colóquio internacional "The Languages of Criticism and the Sciences of Man". Nesse colóquio participam Lucien Goldmann, Roland Barthes, Jacques Derrida, Jacques Lacan, entre outros. Esse encontro é visto como a introdução do estruturalismo nos Estados Unidos. Nesse período, Girard desenvolve a noção do assassinato fundador.
Em 1968 transfere-se para a Universidade do Estado de Nova York, em Buffalo, e ocupa a direção do Departamento de Inglês. Principia sua colaboração e amizade com Michel Serres. Começa a interessar-se mais seriamente pela obra de Shakespeare.
Em 1972 publica *La Violence et le Sacré*, apresentando o mecanismo do bode expiatório. No ano seguinte, a revista *Esprit* dedica um número especial à obra de René Girard.
Em 1975 retorna à Universidade Johns Hopkins.
Em 1978, com a colaboração de Jean-Michel Oughourlian e Guy Lefort, dois psiquiatras franceses, publica seu terceiro livro, *Des Choses Cachées depuis la Fondation du Monde*. Trata-se de um longo e sistemático diálogo sobre a teoria mimética compreendida em sua totalidade.
Em 1980, na Universidade Stanford, recebe a "Cátedra Andrew B. Hammond" em Língua, Literatura e Civilização Francesa. Com a colaboração de Jean-Pierre Dupuy, cria e dirige o "Program for Interdisciplinary Research", responsável pela realização de importantes colóquios internacionais.

Em 1982 publica *Le Bouc Émissaire* e, em 1985, *La Route Antique des Hommes Pervers*. Nesses livros, Girard principia a desenvolver uma abordagem hermenêutica para uma leitura dos textos bíblicos com base na teoria mimética.
Em junho de 1983, no Centre Culturel International de Cerisy-la-Salle, Jean-Pierre Dupuy e Paul Dumouchel organizam o colóquio "Violence et Vérité. Autour de René Girard". Os "Colóquios de Cerisy" representam uma referência fundamental na recente história intelectual francesa.
Em 1985 recebe, da Frije Universiteit de Amsterdã, o primeiro de muitos doutorados *honoris causa*. Nos anos seguintes, recebe a mesma distinção da Universidade de Innsbruck, Áustria (1988); da Universidade de Antuérpia, Bélgica (1995); da Universidade de Pádua, Itália (2001); da Universidade de Montreal, Canadá (2004); da University College London, Inglaterra (2006); da Universidade de St. Andrews, Escócia (2008).
Em 1990 é criado o Colloquium on Violence and Religion (COV&R). Trata-se de uma associação internacional de pesquisadores dedicada ao desenvolvimento e à crítica da teoria mimética, especialmente no tocante às relações entre violência e religião nos primórdios da cultura. O Colloquium on Violence and Religion organiza colóquios anuais e publica a revista *Contagion*. Girard é o presidente honorário da instituição. Consulte-se a página: http://www.uibk.ac.at/theol/cover/.
Em 1990 visita o Brasil pela primeira vez: encontro com representantes da Teologia da Libertação, realizado em Piracicaba, São Paulo.
Em 1991 Girard publica seu primeiro livro escrito em inglês: *A Theatre of Envy: William Shakespeare* (Oxford University Press). O livro recebe o "Prix Médicis", na França.

Em 1995 aposenta-se na Universidade Stanford.
Em 1999 publica *Je Vois Satan Tomber comme l'Éclair*. Desenvolve a leitura antropológica dos textos bíblicos com os próximos dois livros: *Celui par qui le Scandale Arrive* (2001) e *Le Sacrifice* (2003).
Em 2000 visita o Brasil pela segunda vez: lançamento de *Um Longo Argumento do Princípio ao Fim. Diálogos com João Cezar de Castro Rocha e Pierpaolo Antonello*.
Em 2004 recebe o "Prix Aujourd'hui" pelo livro *Les Origines de la Culture. Entretiens avec Pierpaolo Antonello et João Cezar de Castro Rocha*.
Em 17 de março de 2005 René Girard é eleito para a Académie Française. O "Discurso de Recepção" foi feito por Michel Serres em 15 de dezembro. No mesmo ano, cria-se em Paris a Association pour les Recherches Mimétiques (ARM).
Em 2006 René Girard e Gianni Vattimo dialogam sobre cristianismo e modernidade: *Verità o Fede Debole? Dialogo su Cristianesimo e Relativismo*.
Em 2007 publica *Achever Clausewitz*, um diálogo com Benoît Chantre. Nessa ocasião, desenvolve uma abordagem apocalíptica da história.
Em outubro de 2007, em Paris, é criada a "Imitatio. Integrating the Human Sciences", (http://www.imitatio.org/), com apoio da Thiel Foundation. Seu objetivo é ampliar e promover as consequências da teoria girardiana sobre o comportamento humano e a cultura. Além disso, pretende apoiar o estudo interdisciplinar da teoria mimética. O primeiro encontro da Imitatio realiza-se em Stanford, em abril de 2008.
Em 2008 René Girard recebe a mais importante distinção da Modern Language Association (MLA): "Lifetime Achievement Award".

bibliografia de René Girard

Mensonge Romantique et Vérité Romanesque.
Paris: Grasset, 1961. [*Mentira Romântica e Verdade Romanesca.* Trad. Lília Ledon da Silva. São Paulo: Editora É, 2009.]
Proust: A Collection of Critical Essays.
Englewood Cliffs: Prentice Hall, 1962.
Dostoïevski, du Double à l'Unité. Paris: Plon, 1963. (Este livro será publicado na Biblioteca René Girard)
La Violence et le Sacré. Paris: Grasset, 1972.
Critique dans un Souterrain. Lausanne: L'Age d'Homme, 1976.
To Double Business Bound: Essays on Literature, Mimesis, and Anthropology. Baltimore: Johns Hopkins University Press, 1978. (Este livro será publicado na Biblioteca René Girard)
Des Choses Cachées depuis la Fondation du Monde. Pesquisas com Jean-Michel Oughourlian e Guy Lefort. Paris: Grasset, 1978.
Le Bouc Émissaire. Paris: Grasset, 1982.
La Route Antique des Hommes Pervers. Paris: Grasset, 1985.
Violent Origins: Walter Burkert, René Girard, and Jonathan Z. Smith on Ritual Killing and Cultural Formation. Org. Robert Hamerton-Kelly. Stanford: Stanford University Press, 1988. (Este livro será publicado na Biblioteca René Girard)

A Theatre of Envy: William Shakespeare. Nova York: Oxford University Press, 1991. [*Shakespeare: Teatro da Inveja.* Trad. Pedro Sette-Câmara. São Paulo: Editora É, 2010.]
Quand ces Choses Commenceront... Entretiens avec Michel Treguer. Paris: Arléa, 1994. (Este livro será publicado na Biblioteca René Girard)
The Girard Reader. Org. James G. Williams. Nova York: Crossroad, 1996.
Je Vois Satan Tomber comme l'Éclair. Paris: Grasset, 1999.
Um Longo Argumento do Princípio ao Fim. Diálogos com João Cezar de Castro Rocha e Pierpaolo Antonello. Rio de Janeiro: Topbooks, 2000. Este livro, escrito em inglês, foi publicado, com algumas modificações, em italiano, espanhol, polonês, japonês, coreano, tcheco e francês. Na França, em 2004, recebeu o "Prix Aujourd'hui".
Celui par Qui le Scandale Arrive: Entretiens avec Maria Stella Barberi. Paris: Desclée de Brouwer, 2001. (Este livro será publicado na Biblioteca René Girard)
La Voix Méconnue du Réel: Une Théorie des Mythes Archaïques et Modernes. Paris: Grasset, 2002. (Este livro será publicado na Biblioteca René Girard)
Il Caso Nietzsche. La Ribellione Fallita dell'Anticristo. Com colaboração e edição de Giuseppe Fornari. Gênova: Marietti, 2002.
Le Sacrifice. Paris: Bibliothèque Nationale de France, 2003. (Este livro será publicado na Biblioteca René Girard)
Oedipus Unbound: Selected Writings on Rivalry and Desire. Org. Mark R. Anspach. Stanford: Stanford University Press, 2004.
Miti d'Origine. Massa: Transeuropa Edizioni, 2005. (Este livro será publicado na Biblioteca René Girard)
Verità o Fede Debole. Dialogo su Cristianesimo e Relativismo. Com Gianni Vattimo. Org. Pierpaolo Antonello. Massa: Transeuropa Edizioni, 2006.

Achever Clausewitz (Entretiens avec Benoît Chantre). Paris: Carnets Nord, 2007. (Este livro será publicado na Biblioteca René Girard)
Le Tragique et la Pitié: Discours de Réception de René Girard à l'Académie Française et Réponse de Michel Serres. Paris: Editions le Pommier, 2007. (Este livro será publicado na Biblioteca René Girard)
De la Violence à la Divinité. Paris: Grasset, 2007. Reunião dos principais livros de Girard publicados pela Editora Grasset, acompanhada de uma nova introdução para todos os títulos. O volume inclui *Mensonge Romantique et Vérité Romanesque, La Violence et le Sacré, Des Choses Cachées depuis la Fondation du Monde* e *Le Bouc Émissaire*.
Dieu, une Invention?. Com André Gounelle e Alain Houziaux. Paris: Editions de l'Atelier, 2007. (Este livro será publicado na Biblioteca René Girard)
Evolution and Conversion. Dialogues on the Origins of Culture. Com Pierpaolo Antonello e João Cezar de Castro Rocha. Londres: The Continuum, 2008. (Este livro será publicado na Biblioteca René Girard)
Anorexie et Désir Mimétique. Paris: L'Herne, 2008. (Este livro será publicado na Biblioteca René Girard)
Mimesis and Theory: Essays on Literature and Criticism, 1953-2005. Org. Robert Doran. Stanford: Stanford University Press, 2008.
La Conversion de l'Art. Paris: Carnets Nord, 2008. Este livro é acompanhado por um DVD, *Le Sens de l'Histoire*, que reproduz um diálogo com Benoît Chantre. (Este livro será publicado na Biblioteca René Girard)
Gewalt und Religion: Gespräche mit Wolfgang Palaver. Berlim: Matthes & Seitz Verlag, 2010.
Géométries du Désir. Prefácio de Mark Anspach. Paris: Ed. de L'Herne, 2011.

bibliografia selecionada sobre René Girard[1]

BANDERA, Cesáreo. *Mimesis Conflictiva: Ficción Literaria y Violencia en Cervantes y Calderón.* (Biblioteca Románica Hispánica – Estudios y Ensayos 221). Prefácio de René Girard. Madri: Editorial Gredos, 1975.

SCHWAGER, Raymund. *Brauchen Wir einen Sündenbock? Gewalt und Erläsung in den Biblischen Schriften.* Munique: Kasel, 1978.

DUPUY, Jean-Pierre e DUMOUCHEL, Paul. *L'Enfer des Choses: René Girard et la Logique de l'Économie.* Posfácio de René Girard. Paris: Le Seuil, 1979.

CHIRPAZ, François. *Enjeux de la Violence: Essais sur René Girard.* Paris: Cerf, 1980.

GANS, Eric. *The Origin of Language: A Formal Theory of Representation.* Berkeley: University of California Press, 1981.

AGLIETTA, M. e ORLÉAN, A. *La Violence de la Monnaie.* Paris: PUF, 1982.

---

[1] Agradecemos a colaboração de Pierpaolo Antonello, do St. John's College (Universidade de Cambridge). Nesta bibliografia, adotamos a ordem cronológica em lugar da alfabética a fim de evidenciar a recepção crescente da obra girardiana nas últimas décadas.

OUGHOURLIAN, Jean-Michel. *Un Mime Nomme Desir: Hysterie, Transe, Possession, Adorcisme*. Paris: Éditions Grasset et Fasquelle, 1982. (Este livro será publicado na Biblioteca René Girard)

DUPUY, Jean-Pierre e DEGUY, Michel (orgs.). *René Girard et le Problème du Mal*. Paris: Grasset, 1982.

DUPUY, Jean-Pierre. *Ordres et Désordres*. Paris: Le Seuil, 1982.

FAGES, Jean-Baptiste. *Comprendre René Girard*. Toulouse: Privat, 1982.

MCKENNA, Andrew J. (org.). *René Girard and Biblical Studies (Semeia 33)*. Decatur, GA: Scholars Press, 1985.

CARRARA, Alberto. *Violenza, Sacro, Rivelazione Biblica: Il Pensiero di René Girard*. Milão: Vita e Pensiero, 1985.

DUMOUCHEL, Paul (org.). *Violence et Vérité – Actes du Colloque de Cerisy*. Paris: Grasset, 1985. Tradução para o inglês: *Violence and Truth: On the Work of René Girard*. Stanford: Stanford University Press, 1988.

ORSINI, Christine. *La Pensée de René Girard*. Paris: Retz, 1986.

To Honor René Girard. Presented on the Occasion of his Sixtieth Birthday by Colleagues, Students, Friends. Stanford French and Italian Studies 34. Saratoga, CA: Anma Libri, 1986.

LERMEN, Hans-Jürgen. *Raymund Schwagers Versuch einer Neuinterpretation der Erläsungstheologie im Anschluss an René Girard*. Mainz: Unveräffentlichte Diplomarbeit, 1987.

LASCARIS, André. *Advocaat van de Zondebok: Het Werk van René Girard en het Evangelie van Jezus*. Hilversum: Gooi & Sticht, 1987.

BEEK, Wouter van (org.). *Mimese en Geweld: Beschouwingen over het Werk van René Girard*. Kampen: Kok Agora, 1988.

HAMERTON-KELLY, Robert G. (org.). *Violent Origins: Walter Burkert, Rene Girard, and*

Jonathan Z. Smith on Ritual Killing and Cultural Formation. Stanford: Stanford University Press, 1988. (Este livro será publicado na Biblioteca René Girard)
GANS, Eric. Science and Faith: The Anthropology of Revelation. Savage, MD: Rowman & Littlefield, 1990.
ASSMANN, Hugo (org.). René Girard com Teólogos da Libertação: Um Diálogo sobre Ídolos e Sacrifícios. Petrópolis: Vozes, 1991. Tradução para o alemão: Götzenbilder und Opfer: René Girard im Gespräch mit der Befreiungstheologie. (Beiträge zur mimetischen Theorie 2). Thaur, Münster: Druck u. Verlagshaus Thaur, LIT-Verlag, 1996. Tradução para o espanhol: Sobre Ídolos y Sacrificios: René Girard con Teólogos de la Liberación. (Colección Economía-Teología). San José, Costa Rica: Editorial Departamento Ecuménico de Investigaciones, 1991.
ALISON, James. A Theology of the Holy Trinity in the Light of the Thought of René Girard. Oxford: Blackfriars, 1991.
RÉGIS, J. P. (org.). Table Ronde Autour de René Girard. (Publications des Groupes de Recherches Anglo-américaines 8). Tours: Université François Rabelais de Tours, 1991.
WILLIAMS, James G. The Bible, Violence, and the Sacred: Liberation from the Myth of Sanctionated Violence. Prefácio de René Girard. San Francisco: Harper, 1991.
LUNDAGER JENSEN, Hans Jürgen. René Girard. (Profil-Serien 1). Frederiksberg: Forlaget Anis, 1991.
HAMERTON-KELLY, Robert G. Sacred Violence: Paul's Hermeneutic of the Cross. Minneapolis: Augsburg Fortress, 1992. (Este livro será publicado na Biblioteca René Girard)
MCKENNA, Andrew J. (org.). Violence and Difference: Girard, Derrida, and Deconstruction. Chicago: University of Illinois Press, 1992.

LIVINGSTON, Paisley. *Models of Desire: René Girard and the Psychology of Mimesis*. Baltimore: The Johns Hopkins University Press, 1992.

LASCARIS, André e WEIGAND, Hans (orgs.). *Nabootsing: In Discussie over René Girard*. Kampen: Kok Agora, 1992.

GOLSAN, Richard J. *René Girard and Myth: An Introduction*. Nova York e Londres: Garland, 1993 (Nova York: Routledge, 2002). (Este livro será publicado na Biblioteca René Girard)

GANS, Eric. *Originary Thinking: Elements of Generative Anthropology*. Stanford: Stanford University Press, 1993.

HAMERTON-KELLY, Robert G. *The Gospel and the Sacred: Poetics of Violence in Mark*. Prefácio de René Girard. Minneapolis: Fortress Press, 1994.

BINABURO, J. A. Bakeaz (org.). *Pensando en la Violencia: Desde Walter Benjamin, Hannah Arendt, René Girard y Paul Ricoeur*. Centro de Documentación y Estudios para la Paz. Madri: Libros de la Catarata, 1994.

MCCRACKEN, David. *The Scandal of the Gospels: Jesus, Story, and Offense*. Oxford: Oxford University Press, 1994.

WALLACE, Mark I. e SMITH, Theophus H. *Curing Violence: Essays on René Girard*. Sonoma, CA: Polebridge Press, 1994.

BANDERA, Cesáreo. *The Sacred Game: The Role of the Sacred in the Genesis of Modern Literary Fiction*. University Park: Pennsylvania State University Press, 1994. (Este livro será publicado na Biblioteca René Girard)

ALISON, James. *The Joy of Being Wrong: An Essay in the Theology of Original Sin in the Light of the Mimetic Theory of René Girard*. Santiago de Chile: Instituto Pedro de Córdoba, 1994. (Este livro será publicado na Biblioteca René Girard)

LAGARDE, François. *René Girard ou la Christianisation des Sciences Humaines.* Nova York: Peter Lang, 1994.

TEIXEIRA, Alfredo. *A Pedra Rejeitada: O Eterno Retorno da Violência e a Singularidade da Revelação Evangélica na Obra de René Girard.* Porto: Universidade Católica Portuguesa, 1995.

BAILIE, Gil. *Violence Unveiled: Humanity at the Crossroads.* Nova York: Crossroad, 1995.

TOMELLERI, Stefano. *René Girard. La Matrice Sociale della Violenza.* Milão: F. Angeli, 1996.

GOODHART, Sandor. *Sacrificing Commentary: Reading the End of Literature.* Baltimore: Johns Hopkins University Press, 1996.

PELCKMANS, Paul e VANHEESWIJCK, Guido. *René Girard, het Labyrint van het Verlangen: Zes Opstellen.* Kampen/Kapellen: Kok Agora/Pelcckmans, 1996.

GANS, Eric. *Signs of Paradox: Irony, Resentment, and Other Mimetic Structures.* Stanford: Stanford University Press, 1997.

SANTOS, Laura Ferreira dos. *Pensar o Desejo: Freud, Girard, Deleuze.* Braga: Universidade do Minho, 1997.

GROTE, Jim e MCGEENEY, John R. *Clever as Serpents: Business Ethics and Office Politics.* Minnesota: Liturgical Press, 1997. (Este livro será publicado na Biblioteca René Girard)

FEDERSCHMIDT, Karl H.; ATKINS, Ulrike; TEMME, Klaus (orgs.). *Violence and Sacrifice: Cultural Anthropological and Theological Aspects Taken from Five Continents.* Intercultural Pastoral Care and Counseling 4. Düsseldorf: SIPCC, 1998.

SWARTLEY, William M. (org.). *Violence Renounced: René Girard, Biblical Studies and Peacemaking.* Telford: Pandora Press, 2000.

FLEMING, Chris. *René Girard: Violence and Mimesis.* Cambridge: Polity, 2000.

ALISON, James. *Faith Beyond Resentment: Fragments Catholic and Gay.* Londres: Darton, Longman & Todd, 2001. Tradução para o português: *Fé Além do Ressentimento: Fragmentos Católicos em Voz Gay.* São Paulo: Editora É, 2010.

ANSPACH, Mark Rogin. *A Charge de Revanche: Figures Élémentaires de la Réciprocité.* Paris: Editions du Seuil, 2002. (Este livro será publicado na Biblioteca René Girard)

GOLSAN, Richard J. *René Girard and Myth.* Nova York: Routledge, 2002. (Este livro será publicado na Biblioteca René Girard)

DUPUY, Jean-Pierre. *Pour un Catastrophisme Éclairé. Quand l'Impossible est Certain.* Paris: Editions du Seuil, 2002. (Este livro será publicado na Biblioteca René Girard)

JOHNSEN, William A. *Violence and Modernism: Ibsen, Joyce, and Woolf.* Gainesville, FL: University Press of Florida, 2003. (Este livro será publicado na Biblioteca René Girard)

KIRWAN, Michael. *Discovering Girard.* Londres: Darton, Longman & Todd, 2004. (Este livro será publicado na Biblioteca René Girard)

BANDERA, Cesáreo. *Monda y Desnuda: La Humilde Historia de Don Quijote. Reflexiones sobre el Origen de la Novela Moderna.* Madri: Iberoamericana, 2005. (Este livro será publicado na Biblioteca René Girard)

VINOLO, Stéphane. *René Girard: Du Mimétisme à l'Hominisation, la Violence Différante.* Paris: L'Harmattan, 2005. (Este livro será publicado na Biblioteca René Girard)

INCHAUSTI, Robert. *Subversive Orthodoxy: Outlaws, Revolutionaries, and Other Christians in Disguise.* Grand Rapids, MI: Brazos Press, 2005. (Este livro será publicado na Biblioteca René Girard)

FORNARI, Giuseppe. *Fra Dioniso e Cristo. Conoscenza e Sacrificio nel Mondo Greco e nella Civiltà Occidentale.* Gênova-Milão: Marietti, 2006. (Este livro será publicado na Biblioteca René Girard)

ANDRADE, Gabriel. *La Crítica Literaria de René Girard.* Mérida: Universidad del Zulia, 2007.

HAMERTON-KELLY, Robert G. (org.). *Politics & Apocalypse.* East Lansing, MI: Michigan State University Press, 2007. (Este livro será publicado na Biblioteca René Girard)

LANCE, Daniel. *Vous Avez Dit Elèves Difficiles? Education, Autorité et Dialogue.* Paris, L'Harmattan, 2007. (Este livro será publicado na Biblioteca René Girard)

VINOLO, Stéphane. *René Girard: Épistémologie du Sacré.* Paris: L'Harmattan, 2007. (Este livro será publicado na Biblioteca René Girard)

OUGHOURLIAN, Jean-Michel. *Genèse du Désir.* Paris: Carnets Nord, 2007. (Este livro será publicado na Biblioteca René Girard)

ALBERG, Jeremiah. *A Reinterpretation of Rousseau: A Religious System.* Nova York: Palgrave Macmillan, 2007. (Este livro será publicado na Biblioteca René Girard)

DUPUY, Jean-Pierre. *Dans l'Oeil du Cyclone – Colloque de Cerisy.* Paris: Carnets Nord, 2008. (Este livro será publicado na Biblioteca René Girard)

DUPUY, Jean-Pierre. *La Marque du Sacré.* Paris: Carnets Nord, 2008. (Este livro será publicado na Biblioteca René Girard)

ANSPACH, Mark Rogin (org.). *René Girard.* Les Cahiers de l'Herne n. 89. Paris: L'Herne, 2008. (Este livro será publicado na Biblioteca René Girard)

DEPOORTERE, Frederiek. *Christ in Postmodern Philosophy: Gianni Vattimo, Rene Girard, and Slavoj Zizek.* Londres: Continuum, 2008.

PALAVER, Wolfgang. *René Girards Mimetische Theorie. Im Kontext Kulturtheoretischer und Gesellschaftspolitischer Fragen*. 3. Auflage. Münster: LIT, 2008.

BARBERI, Maria Stella (org.). *Catastrofi Generative - Mito, Storia, Letteratura*. Massa: Transeuropa Edizioni, 2009. (Este livro será publicado na Biblioteca René Girard)

ANTONELLO, Pierpaolo e BUJATTI, Eleonora (orgs.). *La Violenza Allo Specchio. Passione e Sacrificio nel Cinema Contemporaneo*. Massa: Transeuropa Edizioni, 2009. (Este livro será publicado na Biblioteca René Girard)

RANIERI, John J. *Disturbing Revelation - Leo Strauss, Eric Voegelin, and the Bible*. Columbia, MO: University of Missouri Press, 2009. (Este livro será publicado na Biblioteca René Girard)

GOODHART, Sandor; JORGENSEN, J.; RYBA, T.; WILLIAMS, J. G. (orgs.). *For René Girard. Essays in Friendship and in Truth*. East Lansing, MI: Michigan State University Press, 2009.

ANSPACH, Mark Rogin. *Oedipe Mimétique*. Paris: Éditions de L'Herne, 2010. (Este livro será publicado na Biblioteca René Girard)

MENDOZA-ÁLVAREZ, Carlos. *El Dios Escondido de la Posmodernidad. Deseo, Memoria e Imaginación Escatológica. Ensayo de Teología Fundamental Posmoderna*. Guadalajara: ITESO, 2010. (Este livro será publicado na Biblioteca René Girard)

ANDRADE, Gabriel. *René Girard: Un Retrato Intelectual*. 2010. (Este livro será publicado na Biblioteca René Girard)

índice analítico

Amor-próprio, 107
Antissemitismo, 43, 95, 99-100, 109
Assassinato
 fundador, 66
Autonomia
 ilusão de, 71
Bode expiatório, 15, 28, 48, 55, 58-59, 62-63, 66, 70, 83
 fenômeno do, 17, 64
 lógica do, 59
 nas religiões bíblicas, 17
 universalidade do, 112
Canibalismo, 47
Catarse, 51
Complexo de Édipo, 11
Conflitos miméticos, 14
Cópia, 106
Coqueteria, 78, 84
Crise
 de indiferenciação, 74, 102
 mimética, 16
Cristianismo, 17

Desejo
 dimensão social do, 11
 gênese do, 87
 metafísico, 11, 72, 74, 77
 mimético, 11, 16, 23, 72, 89
 proustiano, 73
 romântico, 89
 sexual, 107
 teoria do, 22
Diferenciação
 crise de, 36-37
Dilúvio
 mito do, 65-66
Discípulo, 106, 110, 114
Divino
 ideia arcaica do, 16
Duplo, 31, 33, 35-36, 38-39, 60, 67, 107
Édipo
 como bode expiatório, 19, 21, 58, 61, 63, 66, 68, 83
 como estrangeiro, 20

complexo de, 23-24, 77, 98, 101, 112
 desejante, 76, 86
 imitação de, 55, 57, 115
 mimético, 76, 92, 108
 mito de, 21-22, 24-25, 27, 45-46, 49-50, 54, 65, 91, 112
Emulação, 23
Esnobismo, 86
Estalinismo, 56
Existencialismo, 12
Gênio
 romanesco, 71
Guerras Púnicas, 96
Herói
 romanesco, 74
 trágico, 29
Homem
 do subsolo, 89-91, 95, 110
 mimético, 87
Identidade, 75
Igualitarismo, 12
Iluminismo, 42
Imitação, 11, 23, 31, 72, 74, 82, 84, 91-92, 106

Impureza, 66-67
Incesto, 36, 46, 60
  acusação de, 38
  como violência, 38
  profecia de, 55
  tabu do, 25, 39
Indiferença, 78, 80
  estratégia da, 88
Indiferenciação
  crise de, 36, 39, 68
  processo de, 38
Inveja, 89, 107
Judaísmo, 17
Julgamentos de
  Moscou, 56
Libido, 23
Linchamento, 43, 45
  história do, 56
  moderno, 48
Mal
  ontológico, 72, 74
Mecanismo
  vitimário, 113
  condenação do,
    113
Mediação
  dupla, 85
  efeito da, 81
  externa, 73, 98
  interna, 73-74, 78,
    98, 106, 114
  era da, 12, 74
Mediador, 11, 74, 80,
  82, 87-89, 91-92,
  114
Mentira
  romântica, 13, 71,
    74
Milomaki
  mito de, 25-26
Mimetismo, 12, 15
  dinâmica do, 15
  intensificação
    moderna do, 12

Minoria
  étnica, 97
Mito, 15, 45, 49, 69
  como indício de
    perseguição, 47
  gênese do, 61
  origem vitimária
    do, 70
Mitogênese
  crítica da, 57, 84-85
Mobilidade
  social, 98
Modelo, 30, 72, 76,
  78, 86-89, 91-92,
  99, 106, 108, 110,
  113-114
  externo, 99
Multidão, 15, 20, 57,
  59, 60, 71, 90
Objeto, 80, 88-89,
  103
  concreto, 95
  do desejo, 82
  identidade do, 78
  original, 87
  primordial, 77, 105
Obstáculo, 73, 78, 80,
  86, 88, 91-92, 106,
  113-114
  girardiano, 110
Ordálio, 64-65
Original, 106
Paixão, 18
Paradoxo, 16, 30, 39,
  101
Parricídio, 14, 19-20,
  25, 31, 35, 39-40,
  45-46, 49, 53, 55,
  57, 60-61, 68, 70,
  75, 84-85, 98, 102,
  112
  imaginário, 98
  mitologia freudiana
    do, 98

moral, 97-98
  profecia de, 55
Pecado
  original, 81, 87
Pharmakós, 60-61, 68
Profecia, 69
Psicanálise, 22, 79,
  93, 102
  defesa da, 110
  discurso da, 109
Realeza, 59
Reciprocidade, 29
Regicídio, 20, 39, 46
Religião
  arcaica, 16, 18, 42
  bíblica, 17
  teoria da, 22
Ressentimento, 29
Rito
  origem vitimária
    do, 70
Ritual, 16
Rival, 77, 87, 92
  primordial, 77
Rivalidade, 23, 31, 87,
  92, 94, 98-99, 105,
  107, 115
  mimética, 12, 14, 71
  disciplina da, 16
Romance
  policial, 41, 43,
    51, 56
Sexualidade, 23, 107
Simetria, 33, 35, 73
Simulacro, 82
Tabu do incesto, 14,
  19-20, 31, 40, 45, 49,
  53, 55, 57, 61, 68, 70,
  75, 84-85, 92, 102,
  105, 107, 112
Teoria
  mimética, 16-17
Texto
  de perseguição, 47

Tradição
  bíblica, 16
  cristã, 16
  judaico-cristã, 28,
   113
Tragédia, 51, 69, 79
Trauma, 96
Triângulo
  edipiano, 23, 76
  erótico, 86
  mimético, 23-24
Vaidade, 107
Verdade
  romanesca, 13
Vingança, 90, 103
Violência, 16, 38, 68
  círculo da, 69
  coletiva, 43, 57
  recíproca, 104
Vítima, 14-15, 18, 25,
   30, 47, 58, 88
  arbitrária, 45
  defesa da, 113
  Édipo como, 27
  inocência da, 15,
   18, 28, 70
  sinal de, 44, 56
  substituta, 60-62
Vitimação, 44
  mecanismos de, 16

índice onomástico

Abraham, Karl, 9-94
Ahl, Frederick, 53
Antífon, 42
Barber, Elinor, 106
Berger, Peter L., 98
Brome, Vincent, 109
Camus, Albert, 68
Cuddihy, John
  Murray, 97-98,
  108-11
Daraki, Maria, 38
Dawe, Roger David,
  53
Delcourt, Marie, 65
Dostoiévski, Fiódor,
  89-90
Forrester, Viviane, 79
Foucault, Michel, 57
Freud, Sigmund, 14,
  36, 75, 77, 84, 92-
  94, 96-98, 100-02,
  104, 107-11
Frye, Northrop, 43, 68
Girard, René, 32-33,
  35-36, 38-39, 43,
  50, 58, 61, 63, 66-
  69, 71-73, 75, 77,
  85-92, 100, 102,
  104, 113

Goodhart, Sandor,
  51-52, 58
Greene, William
  Chase, 55
Heidegger, Martin, 12
Hesíodo, 60
Homero, 60
Jones, Ernest, 96, 101,
  106
Jones, John, 36, 61
Merton, Robert K.,
  106
Montesquieu, Charles
  de, 112
Nietzsche, Friedrich,
  71
Platão, 34
Proust, Marcel, 73,
  86, 88, 90
Robert, Marthe, 107
Roheim, Geza, 37
Rougemont, Denis de,
  91, 111
Rudnytsky, Peter L.,
  101, 104-05
Saïd, Suzanne, 35
Sand, George, 83,
  85-86
Scubla, Lucien, 107

Sheppard, John
  Tresidder, 42
Simonse, Simon, 59
Sófocles, 14-15, 20,
  33-35, 37-38, 42,
  54, 61, 67, 79, 96-
  97, 101, 110
Stendhal, 12
Tricaud, François, 64
Tucídides, 33-34
Vernant, Jean-Pierre,
  39, 60
Voltaire, 112
Warner, Sylvia
  Townsend, 66
Wilde, Oscar, 101

biblioteca René Girard*
coordenação João Cezar de Castro Rocha

Dostoiévski: do duplo à unidade
René Girard

Anorexia e desejo mimético
René Girard

A conversão da arte
René Girard

René Girard: um retrato intelectual
Gabriel Andrade

Rematar Clausewitz: além *Da Guerra*
René Girard e Benoît Chantre

Evolução e conversão
René Girard, Pierpaolo Antonello e João Cezar de Castro Rocha

O tempo das catástrofes
Jean-Pierre Dupuy

Violência e modernismo: Ibsen, Joyce e Woolf
William A. Johnsen

Quando começarem a acontecer essas coisas
René Girard e Michel Treguer

Espertos como serpentes
Jim Grote e John McGeeney

O pecado original à luz da ressurreição
James Alison

Aquele por quem o escândalo vem
René Girard

O Deus escondido da pós-modernidade
Carlos Mendoza-Álvarez

O sacrifício
René Girard

Deus: uma invenção?
René Girard, André Gounelle e Alain Houziaux

O trágico e a piedade
René Girard e Michel Serres

"Despojada e despida": a humilde história de Dom Quixote
Cesáreo Bandera

Édipo mimético
Mark R. Anspach

Descobrindo Girard
Michael Kirwan

Violência sagrada
Robert Hamerton-Kelly

René Girard: do mimetismo à hominização
Stéphane Vinolo

* A Biblioteca reunirá cerca de 60 livros e os títulos acima serão os primeiros publicados.

Dados Internacionais de Catalogação na Publicação (CIP)
(Câmara Brasileira do Livro, SP, Brasil)

Anspach, Mark R.
Édipo Mimético / Mark R. Anspach; tradução Ana Lúcia Costa. – São Paulo:
É Realizações, 2012.

Título original: Oedipe Mimétique
ISBN 978-85-8033-051-9

1. Édipo, Complexo de 2. Édipo (Mitologia grega) 3. Édipo (Mitologia grega) na literatura 4. Édipo na literatura - Filosofia 5. Mito - Aspectos sociais 6. Sófocles. Édipo Rei 7. Psicanálise e filosofia I. Título. II. Série.

12-01391   CDD-292.13

Índices para catálogo sistemático:
1. Édipo: Mitologia grega   292.13

Este livro foi impresso pela Prol Editora Gráfica para É Realizações, em março de 2012. Os tipos usados são da família Rotis Serif Std e Rotis Semi Sans Std. O papel do miolo é pólem bold 90g, e o da capa, cartão supremo 300g.